階級・ジェンダー・再生産

現代資本主義社会の存続メカニズム

Class, Gender, Reproduction

Structural Maintenance of Modern Capitalism

橋本 健二◎*Kenji Hashimoto*

東信堂

序

資本主義社会は、いかにして再生産されるか——本書のテーマは、この一点に尽きる。

ここで資本主義社会というのは、資本家と労働者の二階級の間の経済的な交換＝搾取関係から構成されるものとして抽象された、純粋資本主義社会のことではない。複数の生産様式と、家父長制という再生産様式を含み、したがって資本家と労働者以外にもいくつかの階級を含むとともに、男性と女性を構造的に非対称的な関係においている、現実の資本主義社会のことである。そしてある社会が再生産されるとは、その社会の基本的な構造が維持されることをいう。

階級的な不平等と対立関係、ジェンダーによる不平等と対立関係をはらんでいるにもかかわらず、この社会の基本的な構造が変化せずに維持されているのはなぜか。それを構成する人々が不断に移動し、入れ替わっているにもかかわらず、その基本的な構造が維持されるのはなぜか。この問いは、「社会はいかにして可能か」という社会学の根本問題の、現代資本主義という形態規定性の下における、動態的な表現にほかならない。

本書は、この巨大なテーマに対して非力を省みず二〇年近くにわたって格闘してきた私の、現時点での中間総括である。

二〇〇三年六月

著　者

階級・ジェンダー・再生産――現代資本主義社会の存続メカニズム／大目次

詳細目次

階級・ジェンダー・再生産

——現代資本主義社会の存続メカニズム——

第Ⅰ部　文化的再生産の理論

第一章　文化としての資本主義・資本主義の文化

資本主義社会とは、資本主義的生産様式を中心として構成される社会諸関係の総体であり、今日の世界の大部分をおおう、人間社会の支配的な形態である。ここで、次のような問いを立ててみよう。今日あるような資本主義社会はいつ、いかにして成立しえたのだろうか。そして、それはいかにして維持されているのだろうか。本章はこの問いのすべてを扱おうとするものではない。この問いに対するさまざまな回答のなかで、これまで比較的軽視されてきたと思われる側面、この二つの過程の文化的側面を検討するのが、本章の課題である。1では、議論の前提として文化の概念の理論的検討を行う。2では、資本主義社会の成立過程、さらに今日みられるような先進資本主義社会への発展過程を文化的側面から検討する。3では、先進資本主義社会が維持される過程、すなわち、その再生産過程を文化的側面から検討する。最後に4で、資本主義社会の今後ありうる変動過程、あるいは変革過程における文化の意義について検討する。

1　文化の概念

「文化」という概念ほどありふれていて、しかも多様な使われ方をしてきた概念も珍しい。しかし、あえて整理すれば、文化という概念には次のような四つの用法が区別できるといえるだろう(1)。

第一の、最も広義の用法は、一部の文化人類学者にみられるものであり、他と区別されるそれぞれの社会の、社会生活の総体を文化と呼ぶものである。このなかには近代社会に住むわれわれが経済・政治・宗教・芸術・教育などと呼ぶ、すべての諸制度や組織的活動、これに関与する社会集団が含まれる。したがってこの用法では、文化は「社会のあり方」全体を指すことになる。

第二の用法では、文化と社会が区別される。この用法では、文化とは人間が後天的に習得し、共有する行動様式である。人々は通常、社会的に共有され、後天的に習得される一定のパターンに従った行動をする。こうした行動のパターンは、制度や社会集団そのものとは区別することができる。そして、すでに存在する社会集団や制度のなかで人々がとる、こうした行動のパターンが文化なのである。これに対して、さまざまな社会集団や制度の総体は社会と呼ばれる。文化と社会は相互依存的な関係にある。社会は文化の基盤であり、そのなかで人々は特定の文化を形成し、習得する。一方、文化として様式化された人々の行動は、社会、すなわち既存の制度や社会集団を不断に維持するのである。

一方、このように人々が一定のパターンに従った行動をとるのは、彼ら・彼女らがある種の「精神」を共有しているからである。ここから、第三の用法が生まれてくる。つまり、人々の社会生活の背後にあり、人々の行動を規制し構成する精神を文化と呼ぶのである。この意味では、ブルデューのいうハビトゥスは、文化の中心的な要素ということができる。というのもハビトゥスは、人々の諸実践の構成原理にほかならないからである。さらに客観化され体系化された規範や、意味体系・イデオロギーなども文化に含まれる。これらは人々の行動を内部から規制するとともに、彼ら・彼女らが自己の置かれた状況を理解し、受け入れる方法を与えるものだからである。

さらに、人々の行動を規制しているこうした精神は、しばしば芸術作品や著作物、建造物などのなかに記述され、表現され、客体化される。ここから、知的・芸術的な活動の生産物を文化と呼ぶ用法も生まれてくる。これが文化という概念の第四の用法である。

第一の用法、つまり社会のあり方全体を文化と呼ぶ用法は、多くの混乱を招くことになると思われるし、実際、社会学では現在、ほとんど使われていない。これに対して残りの三つの用法は、場合によって使い分けられている。こうして、われわれは文化とは行動様式、精神、知的・芸術的活動の生産物という三つからなる複合体であると理解することができる。この三つの要素は、密接に関連している。精神（イデオロギーやハビトゥス）は様式化された諸実践を生みだす源泉となる一方で、作品・建造物などに物質化される。そして、これらの作品や建造物は様式化された諸実践が生みだされる環境を提供するとともに、新しい世代がイデオロギーやハビトゥスを獲得するのを助けるのである。

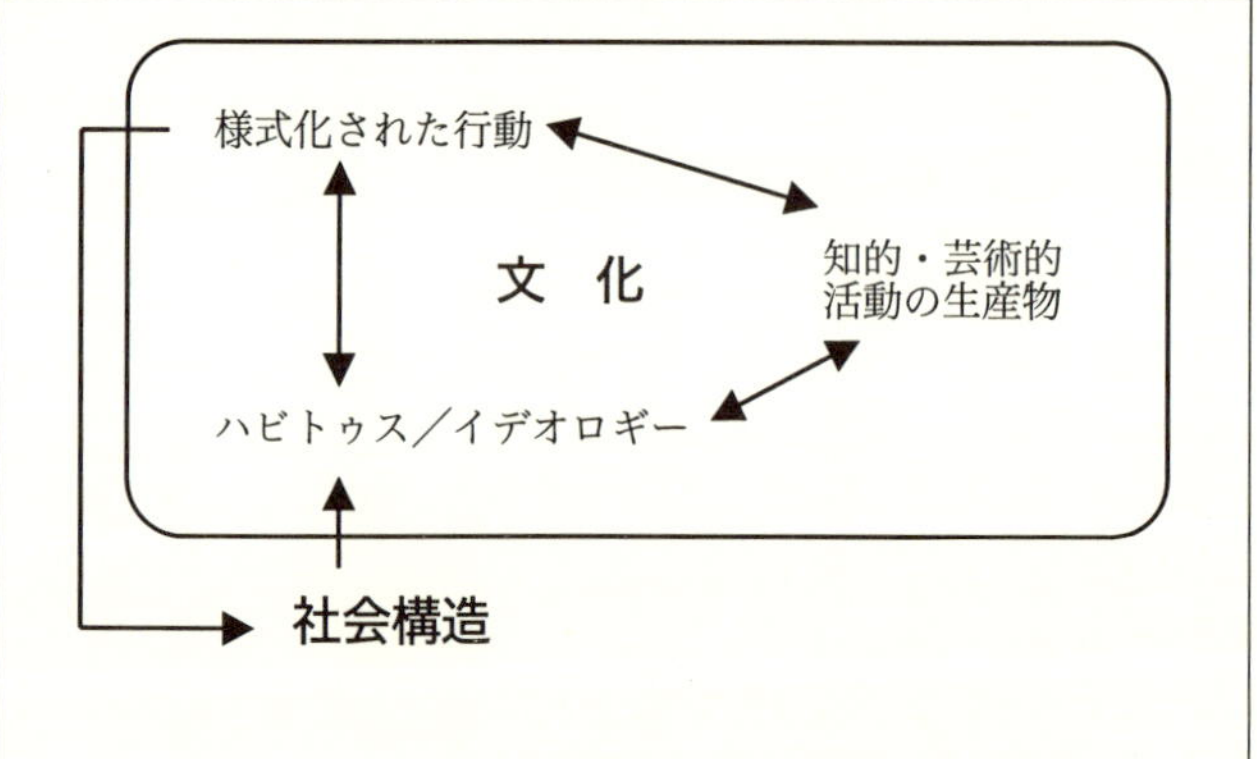

図表1·1　文化の三つの要素と社会構造の再生産

このように考えると、文化は、社会構造が維持され、再生産されるための重要なメカニズムとなりうるということがわかる。文化が社会構造を維持し再生産するような行動を不断に生みだすように編成されているとき、両者の間には**図表1・1**のような相互関係が成立することになるだろう。それでは、資本主義社会ではこのような再生産的な文化はいかにして確立し、また今日いかにして機能しているのだろうか。

2　資本主義社会の成立と発展過程における文化

(1) 資本主義的生産様式の特質

人間の生産活動は、基本的には二つの要素から成立している。それは生産諸手段と、生産諸手段を用いて生産活動に関与する諸主体である。この両者が結びつくことによって、生産活動が可能になる。こうした、生産諸手段と諸主体の結合形態のことを生産様式という。生産様式は時代により、社会により異なる形態をとる。

資本主義的生産様式の特徴は、一部の人々のみが生産諸手段を所有し、他の多くの人々は生産諸手段をまったく所有していないところにある。ここで所有とは、ある物の使用と、そこから得られる収益から他者を排除する権利を認められている状態のことであり、厳密には私的所有と呼ばれるものである（Macpherson 1973 = 1978:203）。ここで生産諸手段を所有する人々を資本家、所有しない人々を労働者と呼び、それぞれを集合的に資本家階級、労働者階級と呼ぶことにしよう。労働者は生産諸手段を所有していないので、そのままでいては労働すること、したがって生存することができない。一方、資本家階級は自分の所有する大量の生産諸手段を活用するのに十分な労働力をもっていない。

こうして、両者の間には次のような関係が取り結ばれることになる。労働者は自分の労働力を資本家に提供し、賃金を得る。資本家は労働者を雇い入れ、その労働過程を組織・統制するとともに、生産された価値から賃金を引いた残りを利潤（剰余価値）として手に入れる。この利潤こそが、資本主義社会における生産活動の目的であり、原動力である。

(2)資本主義の文化的前提

資本主義社会で生活するわれわれにはあたりまえのもののように思われるこの生産様式は、実は特定の文化を前提としている。資本主義的生産の原動力は、利潤への欲望である。われわれはこの欲望を、ごく自然で、誰でももっているものと考えている。しかし、資本主義以前の社会ではほとんどの場合、利潤追求のための行動は不健全なものであり、利潤とは罪深く汚れたものであるとされていた。資本主義社会は、利潤追求が正統な行動原理として社会的に承認された、初めての社会だった（Polanyi 1957 ＝ 1975:39）。また資本主義的生産様式は、生産諸手段に対する私的所有権の承認を前提としている。しかし、これが社会的に承認されたのは、それほど古いことではない。一二世紀までは、私有財産は罪深いものであり、すべての財産は共有であるべきだというのが、一般的な聖書の解釈だった（Reeve 1986 = 1989:65）。私的所有権としての所有権概念が確立するのは、一七世紀のことである（Macpherson 1973 = 1978:207-10）。しかし、それは直ちにすべての社会に受け入れられるわけではない。たとえば、北アメリカの植民者たちと先住民であるアメリカ・インディアンたちの対立の根源は、所有の概念の違いにあった。アメリカ・インディアンたちにとっては、土地とは偉大な神の精神によって「ここに置かれた」ものであって、人間が支配することなどできないものだったのである（Reeve 1986 = 1989:63）。

さらに、われわれは生産諸手段の所有者が剰余を自分のものにするのを当然と考えているが、実のところ、これは生産された価値を配分する規則としては、自明のものではない。「資本が収益を手に入れることができるのは、それが生産性や富を必然的に増加させるからではなく、たんに収益への要求を社会的に強く言い張ることが可能であり、文化的に認められているからにすぎない」のである（Gouldner 1979 = 1988:52）。また、こうして資本が獲得する剰余の範囲自体が、文化的に決定されている。労働者に賃金として配分される価値の量は、労働力を再生産するために必要な費用によって決定されるが、この費用の大きさは「それ自身一つの歴史的な産物であり、したがって、だいたいにおいて一国の文化段階によって定まるものであり、ことにまた、主として、自由な労働者の階級がどのような条件のもとで、したがってどのような習慣や生活要求をもって形成されたか、によって定まる」からである（Marx 1867 = 1965:224）。

要約しておこう。第一に、資本主義的生産様式は、資本家たちの下に生産諸手段が集中して初めて成立する。そのためには、近代的な所有観念が確立し、人々がすべての生産諸手段には所有者が存在することを認め、他者の所有権の尊重を行動規範としていなければならない。第二に、資本主義的生産は、資本家たちの利潤動機を原動力としている。したがって、利潤追求を目的として生産活動を行なうことが社会的・文化的に承認されなければ、資本主義は成立しない。第三に、資本主義は、生産された価値についての特定の配分規則を人々が受け入れることによって成立する。このように、資本主義は本来、利潤追求という行動動機、所有権概念、さらには生産された価値の配分に関する合意などによって整序された人々の行動様式を前提としている。こうした行動様式は、それを支えるような精神が、つまりハビトゥスやイデオロギーが人々のなかに深く埋め込まれることによって保障される。資本主義はそもそも特定の文化的諸前提をもっているのである。

(3) 資本主義の労働規律と文化

以上の前提が満たされて初めて、資本主義的生産様式が成立する。しかし、資本主義的生産が円滑に進行するためには、これに加えて特殊な労働規律の確立が必要だった。

これは歴史的には、マルクスが本源的蓄積過程と呼んだ一連の過程のなかで確立されてきた。本源的蓄積過程とは、第一に農民からの土地収奪によるプロレタリアートの創出過程であり、第二にこれらのプロレタリアートの近代的賃労働者への陶冶の過程である。マルクスは『資本論』第一巻第二四章「いわゆる本源的蓄積」において、イギリスにおけるこうした過程を詳細にあとづけている。資本主義の初期、一六世紀のイギリスでは、第一次土地囲い込みによって多くの農民たちが土地を失ってプロレタリア化し、工場制手工業に吸収されていった。しかし、彼ら・彼女らは工場制手工業における労働にすぐに適応できたわけではない。決められた時間、決められた場所で、命じられるままに決められた作業だけを行なうという労働様式は、彼ら・彼女らにとっては異様なものだった。「自分たちの歩き慣れた生活の軌道から突然投げ出された人々は、にわかに新しい状態の規律に慣れることはできなかった」(Marx 1867 = 1965:959)。彼ら・彼女らはしばしば労働を放棄し、「乞食や浮浪人」となった。そこで、彼ら・彼女らを賃労働者へと追いたてたのは、「血の立法」と呼ばれる強制の体系だった。「乞食や浮浪人」はむち打ちの上、体に焼き印を押され、強制労働へと送られる。そして逃亡を繰り返せば死刑に処せられる。「暴力的に土地を収奪され追い払われ浮浪人にされた農村民は、奇怪な恐ろしい法律によって、賃労働の制度に必要な訓練を受けるためにむち打たれ、焼き印を押され、拷問されたのである」(Marx 1867 = 1965:963)。

一八世紀半ばには産業革命が開始され、工場制機械工業が発展をはじめる。工場制機械工業は、工場制手工業に比べてもはるかに厳格な労働規律の遵守を必要とする。「およそ機械による労働は、労働者が自分の運動を自動装置の一様な連続的な運動に合わせることをおぼえるために早くから習得することを必要とする」(Marx 1867 = 1965:550)。

しかし、当然ながら労働者たちは、容易にはこうした規律に従わなかった。そして、彼ら・彼女らの抵抗は、ラッダイト運動と呼ばれる機械打ち壊しにさえ発展した。さらに多くの資本家たちや経済学者たちを悩ませたのは、労働者たちが彼らが求めるほどには長時間、働こうとしなかったことだった。労働者たちは、前近代的な「家族経済」の世界に生きていた。家族経済とは、家族の生活に必要なだけの収入を確保することを目標とし、剰余の確保や蓄積を求めない家計の行動パターンである。ここでは労働者たちは、家族の標準的な生活にとりあえず必要なだけの収入さえ得てしまえばもう働こうとはしなかった。そして、残りの時間は娯楽や休息に費やした（高木 1989:第5章）。ウェーバーは、このような労働者たちの生活様式を「伝統主義」と呼んだ。そして、『倫理』の衣服をまとい、規範の拘束に服する特定の生活スタイル、そうした意味での資本主義の『精神』が、何はさておき遭遇しなければならなかった闘争の敵は、ほかならぬ伝統主義とも名づくべき感覚と行動の様式であった」（Weber 1905 = 1989:63）。このような労働者が大多数である以上、資本主義的生産の発展は望めない。

そこで、資本家や中流階級の人々は、労働者の陶冶と教化のための活動を組織しはじめた。職工学校、労働者大学、労働者クラブなどの、労働者を対象とした教育や余暇活動のための組織が作られ、多くの労働者を集めた（中山 1988:第3章）。そして、彼ら・彼女らをパブ（酒場）を基盤とした「不健全」な娯楽から引きはなし、ティー・パーティーや園芸、読書といった中流階級の人々の「健全」と考える娯楽に親しませるための、「合理的娯楽」の運動が展開された（村上・川北 1986:185-88）。これは、労働者の生活から浪費や放埒を排除し、労働力の安定的な再生産を保障しようとするものだった。さらに、労働者の子弟の教育組織として発展したのは、ロバート・ライクスの創始した日曜学校である。これは、キリスト教的な訓育を通じて、子どもたちに社会的規律を身につけさせ、将来の労働力として陶冶することを目的としたものだった（永田 1985:219-47）。

こうして労働者たちのなかに、資本主義的生産様式に適合的な生活様式が徐々に確立していく。「資本主義的生産が進むにつれて、教育や伝統や慣習によって、この生産様式の諸要求を自明な自然法則として認める労働者階級が発達してくる。……経済外的、直接的暴力も相変わらず用いられはするが、しかし例外的でしかない」(Marx 1867 = 1965:963)。ここで、「生産様式の諸要求を自明な自然法則として認める」というところに注目しよう。これは、人々が、生産様式の要求をごく自然に受け入れ、あたかも自分の意志であるかのようにそれに応えている状態を意味する。生産様式はハビトゥスとして諸個人のなかに埋め込まれる。このとき、人々は天候や季節の変化に適応するのと同じように自然に、生産様式の要求に適合的に行動するだろう。こうして、資本主義的生産様式はその安定を保障される。しかし、ここにたどり着くまでには長い道のりがあった。そして、今日みられるような労働規律と生活様式が最終的に完成するには、さらに二〇世紀を待たねばならなかった。

(4)現代資本主義社会の確立

二〇世紀に入ると、労働はさらに大きな変化を迎えることになった。「科学的管理法」の確立によってその先駆者となったのは、フレデリック・テイラーである。彼は、労働者の作業の過程を単純な動作の集合として分析し、そこから最も合理的と思われる作業のやり方を特定化し、これを労働者たちに強制するという一連の工程管理の方法を考案した。さらに、工程の機械化を進めることによって合理化を完成させ、今日に至るまでの生産システムの基礎を作ったのは、自動車王と呼ばれたヘンリー・フォードである。フォードは科学的管理法の教えるような合理的な作業のやり方を、機械装置のなかに組み込んだ。こうして出来上がったのが、ベルト・コンベア・システムにもとづく組立ラインである。これによって、生産効率は飛躍的に上昇することになった。

しかし、こうした「労働の新しい諸方法は、特定の生きかた、考え方、生活感覚の仕方からきりはなすことはできない」(Gramsci 1949 = 1962:43)。このシステムの下で労働者たちは、労働のリズムやテンポ、作業内容のすべてを機械によって指定される。彼ら・彼女らは文字通り、機械の一部と化して、正確かつ迅速に作業しなければならない。そのためには、労働者のほとんど全面的な人間改造が必要だった。新しい生産システムは、労働者の精神の奥深くにまで浸透し、労働者の自発的な、ほとんど無意識的な行動に支えられて初めて十分に機能するのである。ブルデューはいう。「ハビトゥスをもってこそ、制度は十全な現実化をみる」(Bourdieu 1980 = 1988:91)。労働者の改造は、強制だけでは達成されない。そこでフォードが採用したのは、ファイブ・ダラーズ・デイと呼ばれる高賃金政策と、労働者の生活規制のシステムだった。一九一四年、フォードはそれまで二・三ドルだった平均日給を一挙に五ドルに引き上げる。その一方で彼は、労働者に対して厳格な生活規律の遵守を求める。「労働者およびその家族は慎ましさと公民精神の一定の規則に従わねばならない」(フォード)。労働者は煙草を吸うこと、酒を飲むこと、バーに出入りすることなどを禁止されるとともに、安定した性関係と秩序ある家族を維持することを要求された。生活は監視員によって監視されており、基準に反する暮らしをしている者は六ヶ月の減給処分を受け、それでも生活に改善がみられないと、解雇された(水島 1983:109)。高賃金によって同調への誘因を作りだし、一方で強力に管理する。説得と強制の併用によって、個人の道徳と習慣が変化させられ、規格化された労働を可能にする安定した生活様式が確保された(Gramsci 1949 = 1962:56-7)。もはや、性的な放蕩やアルコールによって機械への同一化がさまたげられることはない。

高賃金政策にはもう一つの意義があった。生産性が上昇しても、それに見合った需要の増大がなければ、いずれ経済危機が訪れるだろう。高賃金政策は、生産性の上昇に応じて労働者の購買力を高めることによって、需要面から大量生産を支えた。しかも厳格な生活規律のなかで、購買力は耐久消費財に向けられることになった。耐久消費財はいわば生活のための機械装置であり、必然的に独特の生活様式を確立させることになる。道徳的で健全な、耐久消費財中心の生活様式を通じて、良質の労働力が安定的に再生産される。こうして組立ラインを中心とした大量生産システムは順調に働き、しかも、生産物はその需要を見いだす。大量生産と大量消費の循環が完成し、経済成長が保証される。それを可能にしたのは、さまざまな制度や規律、慣習だった。こうした制度や規律、慣習の総体は、レギュラシオン学派のいう「レギュラシオン様式」の核心部分である。彼らによれば、経済的な再生産は諸個人の実践に媒介されて初めて可能になるが、これを支えるのがレギュラシオン様式である。レギュラシオン様式とは、「社会的なものを個人の行動において体現する、内面化された規範や社会的手続きの総体、すなわちハビトゥス」なのである(Lipietz 1985 = 1987:26)。

フォードの作りだしたシステムは、戦後多くの先進資本主義諸国に定着する。戦後資本主義とは、このように生産システムと生活様式が結合した社会システムだった。そして、それはフォードをはじめとする先駆者たちの努力によって、長い期間をかけて完成されたものだったのである。

3　資本主義社会の文化的再生産

このように長い期間を経て、今日の先進資本主義社会の基本的な構造が完成した。次の問題は、この構造がいかにして再生産されるか、つまり、この構造が基本的な変化をこうむらずに維持されるのはなぜかという問題である。

もともと資本主義的生産様式は、自己再生産的な性格をもっている。資本主義社会には一般に、相対的過剰人口と呼ばれる失業者や半失業者のプールが存在する。そのため、労働者の賃金は全体として低いほうへと引っ張られ、最終的には労働力の再生産に必要不可欠な費用に近い水準に落ち着くようになる。この賃金水準では労働者は、生活はできるが自分で生産活動を組織するほどの蓄積はできないから、労働者であり続ける以外に道はない。こうして、彼ら・彼女らはその個人的消費によって資本の付属物としての自分の労働力を再生産し、労働を通じて彼ら・彼女らを支配する資本を生産するという、循環過程に置かれることになる。マルクスはいう。「労働者階級の不断の維持と再生産は、やはり資本の再生産のための恒常的な条件である。資本家はこの条件の充足を安んじて労働者の自己保存本能と生殖本能とに任せておくことができる」(Marx 1867 = 1965:745)。

しかし、このような資本主義的生産様式の自己再生産には、重要な条件がある。それは、一度確立された資本主義的生産様式のさまざまな文化的前提、労働規律や生活規律などが維持されるという条件である。自己再生産的だというのは、これらがあたりまえのように維持され、人々の行動を暗黙のうちに規定しているからにすぎない。それでは、この条件はどのようにして満たされるのだろうか。

(1)機械装置による行動様式の維持

フォード・システムによって完成された生産のための機械装置は、それ自体、特定の労働規律を強制する効果をもっている。労働者たちは、作業の内容やスピードをすべて機械装置によって指示されており、ただそれに従う以外に労働する道はない。一度こうした労働規律に適応した労働者たちは、日常の労働を通じてたえずこの労働規律を再確認し、強化していく。機械装置は、いわば強力な監督者であり、訓練者なのである。

生活規律のほうはどうか。耐久消費財は、消費生活のあり方を指示する機械装置である。その使用方法は一義的に決まっており、消費者はそれに従うしかない。さらに、さまざまな耐久消費財は機能的に関連しているので、消費者は次々と購入を続けていく。こうするうちに、衣食住のための伝統的な知識は失われていく。もはや、人々は耐久消費財に従属することによってしか生活できない。こうして、大量消費的な生活様式が維持されていく。大量生産と大量消費の循環が維持される（水島 1983:109-110）。

(2) 諸主体の再生産

資本主義社会が維持されるためには、資本主義社会を担う諸主体の再生産が必要である。新しい世代の人々は、資本主義を支える労働規律や生活様式へと、不断に教化されなければならない。諸主体の再生産とは、こうした諸能力を備えた人々、資本主義社会に適合的な特定の文化をまとった人々を育てあげることである。これが、資本主義社会が再生産されるための必須の条件である。いわば、個体発生は系統発生を繰り返す。資本主義の確立に至る歴史的過程は、資本主義に適合的な行動様式の習得という形で、個人史のなかでも繰り返されなければならないのである。

ここでは家族と学校が大きな役割を果たす。子どもたちは、まず家族のなかで「社会化」される。親たちは自分がすでに身につけ、労働や消費生活のなかでそれが「賢明」なやり方だと自明視している行動様式を、子どもたちに習得させていく。しかし、それらは実は、資本主義社会に適合的であるという意味で「賢明」なのである。こうして子どもたちは結果的に、資本主義社会に適合的なハビトゥスを身につけていくことになる。

教育制度がこれに続く。教育制度は、労働に必要なさまざまな能力を子どもたちに身につけさせる。このなかには、労働に直接必要な知識や技術・技能のほか、労働の場に求められる規律や行動様式が含まれる。これらは、教材や授業のような明示的なメカニズムによって伝達されるとは限らない。たとえば、教師と生徒の社会関係のあり方自体が、子どもたちを「社会化」する一つのメカニズムである。学校での教師と生徒の関係は、職場での監督者と労働者の関係に似ている。このようななかでの教育・学習は、労働者に求められるさまざまな行動様式を子どもたちに習得させることになるだろう。「学校における社会関係は労働の場でのそれの複製であり、そうであることによって、若い世代の社会的分業への適応を助ける」のである（Bowles 1971 = 1980:165）。

(3)新中間階級と労働者階級の分化の再生産

これに次の事情が加わる。資本主義社会の発展は、経営規模の巨大化や生産技術の高度化をもたらした。その結果、資本家階級と労働者階級の中間ともいうべき位置を占める人々が大量に生みだされてくることになった。管理職や専門職に従事し、新中間階級と呼ばれる人々である。彼ら・彼女らは資本家から賃金を受け取って生活する被雇用者でありながら、資本家から一部の権限を委ねられて、労働者の労働過程の組織・統制にたずさわったり、機械装置全体の管理や研究開発に従事したりする。彼ら・彼女らは、労働者階級のようにただ規則や命令、機械装置の運動に従うだけではなく、与えられた範囲内で適切な判断や命令を下すこと、創造性を発揮することなどを求められる。彼ら・彼女らは労働者階級とは異なる行動様式を習得していなければならない。こうして諸主体の再生産は、労働者階級と新中間階級に分化した諸主体の再生産でなければならないことになる。

ここでも、家族と学校が大きな役割を果たす。親たちは子どもに、自分が「賢明な」やり方だと考えている行動様式を習得させる。ところが、彼ら・彼女らの社会生活や職場での経験は階級によって異なっている。したがって彼ら・彼女らは、自分の階級に適合的な行動様式を子どもに伝達する可能性が高い。こうして、それぞれの階級に特有で、適合的な行動様式、すなわちハビトゥスが、親から子へと継承されていく。

さらに、学校システムが新中間階級と労働者階級の担い手を分化させる。労働市場は、高学歴者を新中間階級へ、低学歴者を労働者階級へと配分するように組織される傾向がある。これに対応して、高等教育は新中間階級に必要な知識や行動様式を、初等・中等教育は労働者階級に適切な労働規律を子どもたちに身につけさせる傾向がある。このことは、この二つの学校段階にみられる社会関係のあり方にあらわれている。初等・中等教育では、教師の指示に忠実であること、権威や規律に従順であることを要求される。これに対して、高等教育では、ある程度の主体性・創造性の発揮を要求される。この違いは、労働者階級と新中間階級の労働のあり方の違いを反映しているのである(Bowles & Gintis 1976 = 1986)。このように学校は、階級的な下位文化を伝達し、確認する装置として機能する。こうして、資本主義経済に適合的な行動様式を備え、労働者階級と新中間階級に分化した諸主体が生みだされていくのである。

(4) 資本主義社会の構造の正統化

しかし、諸主体が再生産されるだけでは、資本主義社会の長期的な再生産は保障されない。資本主義社会の階級構造は、収入、労働条件、社会的評価などについてのさまざまな不平等と階級間の利害対立をともなっている。こうした階級間の不平等と構造的な利害対立が、従属的な階級の反抗を生みだすことによって、資本主義社会の危機へと発展するという可能性は、潜在的には常に存在する。したがって、資本主義社会の長期的な安定のためには、従属的な階級の反抗を防止したり抑圧したりすることが必要である。

こうしたメカニズムとして古くから注目されてきたのは、国家の抑圧装置だった。国家は警察・軍隊・司法機関といった強制力を独占的に組織しており、反体制勢力の反抗を予防したり、抑圧したりすることができる。しかし、これだけでは資本主義社会の長期的な再生産は保障されない。脅迫や抑圧は階級間の利害対立そのものを解決するわけではないから、反抗は繰り返されるだろう。これは不安定な状態であるし、いつまでも抑圧が成功するという保障はない。

より効率的なメカニズムとしては、階級間の利害調整と、給付による支持の調達があげられる。たとえば、経営者団体と統一的な労働組合との団体交渉によって賃金や労働条件などが決定されるようになると、階級間の関係は安定化することになる。さらに、国家が所得再配分や福祉政策などによって、貧困な人々に金銭やサービスの給付を行い、階級間の不平等を緩和するとともに、従属的な階級の支持を調達することも可能である。この二つのメカニズムは、戦後の先進資本主義諸国の安定と成長を支えた主要なメカニズムでもあった。しかし、これらはいずれも一定の限界をもっている。階級間の利害調整は、資本主義に内在する階級対立そのものを解決するわけではない。また、低成長期に入った今日、先進諸国の多くは深刻な財政危機に陥り、無制限の給付を続けることが困難な状況にある。最終的に資本主義社会の長期的な安定を保障するためには、何らかの心理的・イデオロギー的メカニズムによって、労働者階級を資本主義社会の不平等な構造に同意させることが必要である。つまり彼ら・彼女らが、自発的にこの構造を支持すること、少なくとも容認するようになることである。このような状態が実現されることを、正統化と呼ぶ。この過程には、アルチュセールが国家のイデオロギー装置と呼んだ、学校、マスコミ、その他のさまざまな制度が関与している（Althusser 1970 = 1975）。

学校で教えられる内容には、さまざまなイデオロギー的メッセージが含まれている。たとえばアップルによると、学校で教えられる社会科の基本的な前提は、社会のすべての要素は機能的に結びついており、それぞれが社会に貢献しているという社会観である。ここでは、社会内部の不一致や対立は社会秩序を妨害するものであり、社会の本質的な特徴ではないとされている（Apple 1979 = 1986:175-6）。日本でも、社会科の教科書には、現実の職場や労働のかかえる問題点を不問に付しながら、職業を通じての社会的使命の遂行や、献身・自己犠牲を強調する傾向があることが指摘されている（関戸 1982:90-91）。もちろん、こうしたイデオロギー的メッセージは、学校のみならず、マスコミや政党などさまざまな制度によって伝達されている。しかし、それらのなかでも学校は特別の重要性をもっている。なぜなら、「これほど長い年月にわたる義務的な聴講を課し、週に五、六日、それも毎日八時間の割合で、資本主義的社会構成体に属する子どもたちの全部を自由に扱う」ような制度はほかにないからである（Althusser 1970 = 1975:49-50）。このような意味で学校制度は、現代資本主義社会における支配的なイデオロギー装置である。

さらに重要なのは、業績主義イデオロギーである。これは、人々の間に存在する不平等を、彼ら・彼女らの「能力」によって説明し、正当化するものである。学校体系は子どもたちに学歴という差別的な指標を付与している。そして、彼ら・彼女らは学歴によって新中間階級と労働者階級という不平等な位置のいずれかに配分される。ところが、学歴は人々の能力や業績、努力の表現という中立的な外観をもっているから、これにもとづく不平等は人々に受け入れられやすい。学歴のある人々は能力のある人・努力した人であり、優遇されて当然とみなされるのである。実際に工場で労働者としての生活を体験したある著者によると、労働者たちは、学歴・イコール・知識、と考える傾向がある。労働者たちの考えでは、大卒のホワイトカラーたちは「自分たちの知らないことや世界を知ることのできた人」である。そして、大卒者と自分たちの間には人種の違いといってもいいほどの距離があると感じている。そのため労働者たちは、大卒者に対して閉鎖的・自嘲的になり、大卒者が特権をもっていることを容認する。逆に、大卒のホワイトカラーたちは、自分の特権を当然のことと考え、労働者たちを道具視している（中村 1982:206-21）。このように学歴は、新中間階級と労働者階級の不平等な関係を正統化する過程に関与しているのである。

4　文化と資本主義のダイナミクス

文化は、資本主義社会が維持され、再生産される重要なメカニズムである。しかし、両者の関係はそれに尽きるものではない。文化は、資本主義社会の再生産のための要求に受動的に対応する自動機械ではない。独自の伝統や形式をもち、社会から相対的に自律した空間でもある。また、その重要な機能のゆえに文化は、しばしば諸階級や社会諸勢力の闘争の場となり、争点となる。人々は、文化における主導権をめぐって闘争するのである。文化と資本主義の関係は、このようにダイナミックなものでもある。

(1) 帝国主義支配と解放闘争における文化

このことを典型的に示しているのが、帝国主義支配とそれに抵抗する解放運動において文化の果たした機能である。帝国主義支配は土着文化の抑圧・破壊と、文化支配とをともなっていた。そして、帝国主義者たちは土着の文化を野蛮なものとして否定し、自分たちの文化＝近代西欧文化の優越性を承認させようとした。そして、自分たちが植民地の人々を野蛮・無知・悲惨から救い出す使者であるかのようにふるまった。こうして、フランツ・ファノンが「文化的疎外」と呼んだ状況が作り出された。「植民地支配は……たちまちものの見事に従属民族の文化的生命を解体した」(Fanon 1966 = 1969:135)。支配された植民地の人々は、自己の文化を劣ったものとみなし、競って西欧文化を習得し、植民地支配に協力しようと努めるようになった。「外国支配はその人民の文化的現実を恒久的、組織的に抑圧しない限り維持できない」(Cabral 1970 = 1980:210)。

帝国主義の支配は、支配された民族の文化を解体し、彼ら・彼女らを文化的に支配することによって完成された。

文化的従属は経済的従属を正統化する。先進資本主義国の支配と第三世界諸国の従属を基本とする世界システムはこうして成立し、また今日、やはりこうした文化支配によって支えられている[2]。このような意味で世界システムには、経済的側面、政治的側面とともに、「広汎な『文化的』側面」（Wallerstein 1991 = 1991:15）がある。

しかし、このことは逆に、文化が帝国主義支配に対する抵抗の砦に、解放闘争の拠点になりうるということをも意味する。「帝国主義支配が、必然的に文化的抑圧を実践するのであるなら、民族解放は必然的に文化の行為となることが理解できよう」（Cabral 1970 = 1980:216）。文化はしばしば、帝国主義支配や社会構造の変化に耐えて、長期にわたって生き延びる傾向がある。現実社会においては抑圧され、その実現をはばまれるとしても、民族の文化は人々の日常生活や精神のなかに保存されて、抵抗の胚芽となる。「文化は明らかに解放運動の基礎そのものなのである。自らの文化を保持する社会のみが人民を動員し、組織化し、外国の支配に対して闘うことができるのだ」（Cabral 1970 = 1980:257）。だからこそ多くの侵略者たちは、土着の文化の完全な破壊に努めてきたし、これに対する抵抗や土着文化を保存する営みは、解放運動の重要な一部となる。たとえば、イスラエルは一貫してパレスチナ人の固有の文化の破壊をくわだててきた。多くの知識人・芸術家が投獄・拘束、あるいは暗殺され、作品が破壊されたという。これに対してパレスチナ人たちは、国連や全世界の人々の支援を受けながらパレスチナ文化の保存のための活動を進めてきた。「文化の保存は、パレスチナ人が自分の土地と歴史的生地にとどまろうとする闘争の本質的な部分」なのである（日本アジア・アフリカ作家会議 1985:78）。

(2) 先進資本主義社会の文化闘争

資本主義は、文化という形をとって人々の内面深くにまで浸透する。人々が自発的に、資本主義に適合的に行動し、資本主義的な秩序を受け入れるのは、文化によってである。文化は、資本主義の必須の構成部分でさえある。このとき、資本主義社会に対する抵抗は必然的に文化的抵抗でもなければならないことになる。資本主義の変革のための運動は、資本主義とは別の生き方を提示し、それを実践すること、したがって文化の変革を構成的な要素として含んでいなければならない。このように社会変革とは、経済的・政治的な諸制度の変革を含みながらも、それをはるかに超えるものである。

文化領域における抵抗は、経済的・政治的な抵抗とは異なる、独自の論理をもっている。それは、文化という空間の固有の性格によるものである。第一に、文化は相対的に不変である。社会構造の変化にもかかわらず、古い文化はかなりの程度に保存され続ける。人間の能力が商品ではないような社会、労働のすべてが管理されることのない社会、商品関係が人々の共同的な関係に優越するようなことのない社会、こうした社会の記憶が、文化のなかに保存される。それらは、さまざまな作品のなかに、家族や地域社会、職場のインフォーマルな集団のなかに、人々の精神のなかに生き続け、抵抗の契機や基盤となる。第二に、文化は自律的な領域である。とくに芸術の世界は、理想的なもの、非現実的なものが許容される特殊な空間を構成する。「……ブルジョワ社会はこの社会に固有の理想の実現を、文化においてだけ容認し、それを一般的な要求としてうちだしたのである。現実の世界では、ユートピア・幻想・倒錯とみなされるものが、ここでは許される」(Marcuse 1937 = 1972:121)。これは両義的な状況である。このような空間であることによって文化は、現実社会では満たされないさまざまな欲望の、代償的な充足を人々に与え、現存秩序の安全弁となる。しかし、一方、文化は忘れられた真実を、そしてより良い社会と人々の生き方のイメージを保存し、発展させもするのである。

ここから、多くの芸術家たち、活動家たちは、文化の変革を社会の変革のための戦略的な課題として位置づけてきた。古くは一九三〇年代、シュール・レアリスムの代表人物であるアンドレ・ブルトンは、「世界を変革すること」と「人生を変えること」は一つになると主張し、そのための芸術家の役割を強調していた（Breton 1935 = 1970:405)。「文化革命」がひときわ現実感をもったのは、一九六〇年代後半である。多くの先進資本主義諸国で学生運動をはじめとする反体制運動が高揚し、無数の大学が封鎖され、デモ隊が街頭をうずめた。彼ら・彼女らの運動は、政治運動であるとともに文化運動でもあった。彼ら・彼女らは、効率と競争の支配する現存社会に対抗する文化、すなわち「対抗文化」の形成者だった。GパンとTシャツは、自由で、自然と調和し、地位や権威とは無関係な服装だった。ロックン・ロール、ブルース、フォーク・ミュージックは、トータルな参加にもとづき、内面的なフィーリングを伝達し、深い社会批判と新しい世界への熱望を表現する音楽だった。そして彼ら・彼女らは、さまざまな小さなコミュニティをつくりあげ、他者との共生様式を生みだしていった。彼ら・彼女らの試みを、チャールズ・ライクは「緑色革命（greening)」と呼んだ（Reich 1970 = 1971:246-77)。それは、ジョン・ゲラッシの言葉を借りれば、「ライフ・スタイルによる革命」と呼ぶことができる――「革命を成就せよ。それを実際に生きることによって」（Gerass 1969 = 1974:318)。

彼ら・彼女らの試みは、しばらくの空白を経て、多様な社会運動へと受けつがれる。それが、反核運動、環境保護運動、女性解放運動、生活協同組合運動などの草の根運動である。これらは、一九六〇年代の対抗文化運動のなかで生まれた、産業社会に典型的な業績主義や功利主義の否定、すべての生命との共生といったオルターナティヴな価値や社会のヴィジョンを受けつぐとともに、ヒエラルキーや中央集権的組織の否定、全員の参加とコンセンサスの重視といった組織論を備え、身近な課題を取りあげながら、着実にわれわれの社会に定着してきた。

もっとも、こうした文化的な抵抗は、商品化されることによって現存秩序に吸収されてしまう可能性もある。事実、一九七〇年代初め、対抗文化の波が日本にも押しよせ、「緑色世代」が注目を集めたころ、マーケティングの世界は一斉に「緑色市場」（川上 1972）に注目をはじめた。そして、彼ら・彼女らの文化が大量生産のラインに乗せられていった。こうして反体制のシンボルだったGパンやロックン・ロールは対抗的性格を失い、ただの商品と化していくことになった。同じように、反体制思想も商品として流通する。たとえば現在、エコロジーやフェミニズムは、マスコミで好んで取りあげられるテーマとなっている。もちろん、商品化によって反体制思想が広められ、影響力を強めていく可能性はある。しかし、逆にただの消費対象として、その本来の意味を喪失していく危険性も大きい。

しかし他方では、こうした文化の商品化は、資本主義を支える労働規律や生活規律を脅かしているともいえる。そもそも、資本主義の文化は固有の矛盾を抱えている。利潤追及を原動力とする資本主義社会では、資本主義的な労働規律や生活規律を脅かす性愛への没入や暴力の表現であっても、売れさえすれば商品化され、流布される。反体制思想が商品化されるのも同じ理由からである。ここでは、利潤追求という資本主義の基本的な動機と、資本主義の文化的存立とが矛盾に陥るのである。資本主義的生産様式の要求と文化とが調和していた幸福な時代は終わりを告げる。ダニエル・ベルは、こうした危機が一九三〇年代からはじまり、一九六〇年代の対抗文化によって決定的になったと考える。これまで資本主義を支えていたのは、労働、節制、倹約、性的な自制を強調するプロテスタンティズムの倫理とピューリタン的な生活規範だった。ところが、資本主義の発展はさまざまな製品の販売と広告活動によって物質的快楽主義を生みだし、自らを支える倫理と生活規範を掘り崩していった。「伝統的なブルジョア的価値体系は、……ブルジョア経済そのものによって崩壊させられたのである。正確にいえば、自由な市場の発展によって崩壊させられたのである」（Bell 1976 = 1976:126）。

近代資本主義を支えてきた文化は揺らいでいる。これに対して資本主義に対する抵抗は、ますます文化的な色彩を強める。今日、文化は疑いもなく、資本主義社会のダイナミクスの最大の焦点の一つなのである。

第二章　資本主義社会の文化的再生産

1　資本主義社会の再生産

(1) アルチュセールの「遺言」

ルイ・アルチュセールは一九七七年、「炸裂したマルクス主義の危機」と題する講演を行なった。その三年後の彼の悲劇を予兆するかのような一種の悲愴感に満ちたこの講演で、彼は次のように指摘している。『資本論』の理論的統一性は、大部分、虚構の統一性であった。そのうち最も重要なのは、剰余価値論である。『資本論』においては、労働力が純然たる商品として示された上で、労働力によって生産される価値と、労働力の再生産に必要な商品の価値との差として、剰余価値が提示されている。つまり、剰余価値は簿記的に提示されている。そこでは剰余価値の抽出条件（労働条件）と労働力の再生産の条件とが捨象されている。これらの条件が扱われるのは、「具体的」あるいは「歴史的」な諸章においてにすぎない。このことが、労働条件と再生産の条件を軽視する結果を生みだし、さまざまな理論的・政治的障害の原因となった、というのである（Althusser 1978 = 1979）。

(2) 資本主義的生産様式の再生産

この問題を、われわれはより広い文脈から論ずることもできる。マルクスは『資本論』において、資本主義的生産様式の自己再生産的性格について語っている。資本主義的生産様式においては、労働者は生産諸手段から分離されている。このとき、労働者は労働においては自己を支配する外在的な力としての資本を再生産し、私的消費においては、資本の付属物としての自己の労働力を再生産するという循環過程に置かれることになる。こうして、資本主義的生産様式は再生産される、というのである（Marx 1867 = 1965）。

ここにおいても、アルチュセールの指摘が妥当する。労働条件の問題と労働力の再生産の問題とが捨象されているのである。第一に、資本主義的生産においては労働力が資本家の利潤追求という目的に対して動員されるのであるから、必然的に労働の統制という問題が発生する。しかも工場制機械工業は、独特の規律やリズムに厳密に従った労働を要求する。資本主義経済では、企業を単位としてみれば生産は無政府的に行なわれるが、企業内には高度の統制が不可欠なのである。こうした労働様式はいかにして保証され、維持されるのだろうか。第二に、労働力は個人的な消費活動によって、さらには妊娠・出産、育児、教育などによって再生産される。利潤を目的とした資本主義的生産によって全面的にカバーすることのできないこうした諸活動は、主に相互扶助的な社会関係のなかで行なわれることになる。その中心的な場は家族であるが、そのほかにも地域社会や宗教組織など、市民社会(1)に属するさまざまな諸制度が関与している。それでは、資本の統制が直接には及ばないこれらの領域において、労働力の再生産はいかにして保証されるのだろうか。

ここで問題となっているのは、資本主義的生産様式の編成と再生産における非経済的な諸条件の問題である。マルクスはこうした非経済的な諸条件を、「本源的蓄積過程」のような歴史的な記述において扱ってはいる。しかし、『資本論』の理論的な記述においては、これらの点は暗黙の前提とされるにとどまっていた。このことが、再生産の非経済的過程の問題が、長い間放置される結果をもたらした。われわれは、マルクスが資本主義の確立する歴史的過程の分析において行なったことを、資本主義社会の再生産に関わる共時的な過程として解明することを求められているのである。

アルチュセールが、「イデオロギーと国家のイデオロギー装置」(Althusser 1970 = 1975)と題する論文において取り組もうとしたのは、まさにこの問題であった。彼はそこで、資本主義的生産様式の再生産という問題設定を明示するとともに、この問題を理論的に取り扱う方法を提示し、以後の資本主義国家論の展開にはかりしれない影響を与えた。しかしながら、彼がそこで示した回答は、不十分なものだった。

(3)国家のイデオロギー装置と主体の再生産

アルチュセールは、資本主義的生産様式の再生産を保証するメカニズムとしての「国家のイデオロギー装置」に注目した。従来から注目されてきた国家装置、すなわち国家の抑圧装置が主に抑圧的に機能するのに対して、国家のイデオロギー装置は主にイデオロギー的に機能する。それは、労働者階級に対しては、彼らの反抗を予防し、彼らを搾取されるものとしての位置に固定させる〈明証〉を教え込む。支配階級に対しては、自己の支配を当然のものとして受け入れさせ、その団結を固める。こうして、生産様式の再生産が保証されるのである。

しかし多くの論者が指摘するように、アルチュセールの国家装置概念には、通常、国家の一部とは考えにくい諸制度——家族、教会、組合、美術・スポーツなど——が含まれており、このことが国家装置概念に混乱を引き起こしている(Milliband 1983 = 1986:84, 藤田 1980:41)。彼はこのような概念的混乱を犯すことによって、生産様式の再生産の非経済的なメカニズムについての分析を、国家の問題に還元した。こうして彼は、経済主義からの脱却を意図しながら別の迷路に、すなわち政治主義ともいうべき迷路に陥ってしまったのである(2)。この誤りは多くの国家理論にも受けつがれた。そこではしばしば、国家が資本主義的生産様式の再生産を保証するための一種の「救いの神」として登場するのである。

一方、国家のイデオロギー装置という概念を提示し、そこに生産様式の再生産という機能を割り当てるだけで、生産様式の再生産過程の分析が完了するわけではない。生産様式の再生産は、生産諸要素、すなわち生産諸手段と諸主体の再生産と、これらの間の結合諸形態の再生産を含む、複合的な過程である。生産様式の再生産過程の解明は、このそれぞれについて、そのメカニズムを解明することを含まなければならないはずである。このうち、アルチュセールが主要な対象としたのは、諸主体の再生産の問題であった。というのは、この問題こそが生産様式の再生産の核心だからである。諸主体の再生産が保証されているならば、生産諸手段の再生産は資本主義的市場経済の自己調整的メカニズムによって保証されるだろう。

それでは諸主体は、いかにして再生産されるのか。その鍵は、イデオロギーにある。アルチュセールによると、イデオロギーとは「諸個人の存在の現実的諸条件にたいする彼らの想像的な関係の表象である」(Althusser 1970 = 1975:58)。イデオロギーは物質的存在をもっている。それは、国家のイデオロギー装置と、そこに編成されている物質的な諸実践である。それでは、このイデオロギーは、どのようなメカニズムで主体の形成という機能を遂行するのか。

諸主体とは、構造のなかの位置によって決定された、構造の担い手としての諸機能を、固有の意識をもち、自己の観念に従って行動する自律的な存在であるかのようにして担う諸個人のことである。そしてアルチュセールによれば、諸個人を主体に転化させるための絶対的な条件は、「別種の絶対的な唯一の主体」＝「大文字の主体」（以下これを、

〈主体〉と表記する）が存在することである。イデオロギーは、〈主体〉の名において諸個人に呼びかけ、彼らを諸主体として〈主体〉に従わせる。その上で諸個人は、〈主体〉との関係において、すなわち同じく〈主体〉に従う諸主体として相互に再認しあう。こうして、「彼らは現存の事物の状態を〈再認〉し、……神、良心、司祭、ド・ゴール、雇主、技師などに従うべきであること、等々を〈再認〉する」。生産様式とそれに由来する諸関係の再生産という現実が否認される。「こうしてすべてはうまくゆく」。これが、イデオロギーの作用様式である（Althusser 1970 = 1975:66, 81-84）。

アルチュセールのこの議論が、ラカンの「大文字の主体」「鏡像」といった諸概念の応用であることは明らかである。アルチュセールによると、精神分析学の固有の対象は「一組の男と女によって生みだされた一個の小動物を人間の子供に転化させるあの驚くべき冒険の……諸〈結果〉」であり、「哺乳類の幼虫から人間の子供、すなわちさまざまな主体をつくりあげる戦争」であった。そして、フロイト自身の理論に回帰することを通じてこの核心的な問題に解答を与えたのがラカンだったのである（Lacan 1949 = 1972,1981 = 1987, Althusser 1964-65 = 1975）。アルチュセールがラカンに依拠した理由はここにある。

ところが、アルチュセールのこの論文がほとんど無数といってよいほどにまで引用され、国家のイデオロギー装置概念が普及していったにもかかわらず、この大文字の〈主体〉を通じての再生産というアルチュセールの議論は、多くの場合、無視されてきた。理由の一端は、アルチュセールの論述の難解さにもあろう。しかし同時に、彼のこの議論が、イデオロギーが諸主体の形成に関与するメカニズムに対する十分な説明になっていないのは否定できない。

(4) アルチュセールのイデオロギー論の問題点

第一の問題は、すでに何回か指摘されているが、〈主体〉が形成されるメカニズムが明らかでないことである（浅田 1983, 今村 1989）。彼が〈主体〉の存在を前提とすることができたのは、イデオロギーの機能様式の例解として、キリスト教の宗教イデオロギーという特殊なイデオロギー（そこでは〈主体〉＝神である）を取りあげたことによる。彼は、イデオロギーはすべて同一の構造をとるということを前提としているが、それは何ら論証されていない。しかし、この問題についてはこれ以上問わないことにしよう。

第二の、より重大な問題は、彼の議論が諸主体の再生産に対する十分な説明になっていないことである。まず、アルチュセールのイデオロギーの定義と、〈主体〉―主体関係に関する議論とは必ずしも整合的ではない。イデオロギーとは、諸個人の存在の現実的諸条件、すなわち生産様式とそこに由来する諸関係に対する想像的関係の表象であった。つまり、「人間はイデオロギーにおいて、彼らの存在諸条件との関係をどのように生きるか、というその方法を表明する」のである。そして人間は、「自分の行動を、イデオロギーのなかで、イデオロギーをとおして、イデオロギーによって、体験する」。したがってイデオロギーとは、「世界に対する人間の生きられた関係」の表明なのである（Althusser 1966 = 1968:164, ただし、訳文は変えてある）。それは、諸個人が特定の社会構成体のなかでの自己の存在諸条件との関係に適用する解釈枠組みに関わるものである。この基礎の上で、彼らの生産様式を担う主体としての諸実践（プラティーク）が発動されることになる。しかし、ここに唯一の〈主体〉への従属が介在しなければならない必然性はない。それどころか、唯一の〈主体〉への従属は、再生産への障害とさえなりうるだろう。なぜなら、資本主義社会は階級的に分化した社会であるから、階級的に分化した存在諸条件に応じて複数の種類の主体が存在しなければならないし、しかも彼らは労働過程の不断の編成と再編成にさらされているからである。こうしたなかにあっては、唯一の〈主体〉への従属は主体の形成のメカニズムとしてはあまりにもスタティックに過ぎる。

さらに、イデオロギーの基礎の上で具体的な諸実践（プラティーク）が発動するメカニズムは、まだ解明されていない。アルチュセールの描いた主体は、自己の観念に従って行動しているかのようにして、構造によって要求される諸実践を遂行する存在である。しかし、現実に資本主義的生産様式を支えている諸主体は、それほど自覚的ではなく、むしろ無意図的・無意識的に再生産的な諸実践を遂行していると考えたほうが実態に近いだろう。このような諸実践はいかにして生みだされるのか。われわれはこの問題にアプローチするために、次節でブルデューのハビトゥス概念を援用することになるだろう。

第三に、彼が扱ったのは「イデオロギー一般」であることに注意しなければならない。彼は、「イデオロギー一般」の機能を定式化したのであって、われわれの当面の関心である資本主義的生産様式の再生産過程に関わるイデオロギーの内容や種差性については何も語っていないのである。

(5)アルチュセールの貢献と残された課題

いま一度、アルチュセールの貢献と限界を要約しておこう。アルチュセールは、資本主義的生産様式の再生産という核心的な問題を明示した。そして、イデオロギーを「想像的な関係の表象」と定義することによって、生産様式を担う主体が形成されるメカニズムの解明に手がかりを与えた。イデオロギーとは単なる虚偽意識ではないこと、その機能が主体の形成にあることが明示された。さらに、イデオロギーが作用する具体的な場として、国家のイデオロギー装置を明示した。つまり、イデオロギーは人間の頭脳のなかの単なる観念でも、浮遊物でもないのである。

残された問題は三つである。第一に、イデオロギーの作用は、国家のイデオロギー装置という空間には限定されない。諸主体の再生産は、資本の統制からも、国家の統制からも相対的に自由な、市民社会領域においても解明されなければならないのである。第二に、主体が形成されるメカニズムを解明することが必要である。しかしそこには、イデオロギーのみならず、一般に「文化」と呼ばれてきたさまざまな諸要素が関与するはずである。こうして、生産様式の再生産の問題は、再生産が進行する空間としての「市民社会」、再生産のメカニズムとしての「文化」という、広大な領域の問題としてとらえかえされることになる。第三に、以上のことを資本主義的生産様式という一つの歴史的な生産様式における形態規定性の下で解明しなければならない。資本主義的生産様式の再生産の問題を、超歴史的な「イデオロギー一般」の図式に解消することはできないのである。

2　文化的再生産のメカニズム

諸個人は日常生活のなかで、生産様式とそれに由来する社会諸関係に基盤をもつ、無限に多様な状況を経験する。こうした無限に多様な状況に対して、ほとんど常に適切な行為をもって応じる能力をもち、したがって生産様式とそれに由来する社会諸関係に適合的に行為する諸個人を、諸主体と呼ぼう。このような諸主体を可能にするのは、イデオロギーとハビトゥスである。

(1)イデオロギーとハビトゥス

生産様式およびそれに由来する社会諸関係は、諸個人の経験する無限に多様な状況の現実の基盤をなし、諸個人の存在諸条件を構成するものだが、通常、明確な形では諸個人の意識に上らない。しかし諸個人は、これらの無限に多様な状況を、理解しやすい少数の状況のパターンとして読みかえることによって知覚し理解している。こうして諸個人は、自己の存在諸条件との間に想像的な関係を取り結ぶことになる。この想像的な関係の表象がイデオロギーである。イデオロギーを通じて、状況は理解しやすい自明のものとして諸個人の前にあらわれ、諸個人にとって対応可能なものとなる。こうした意味で、イデオロギーは諸個人の、自己の存在諸条件との想像的関係の表象なのである。このことは、諸個人にとって社会諸関係が二重であることを意味する。イデオロギーによって諸個人は、もう一つの「現実」を構成する。こうして諸個人は現実の無限の多様性と無秩序を克服するのである（Guillaume 1975 = 1897:110, 117)。

イデオロギーは自己の存在諸条件との関係を、理解可能で生きるに値するものとして生きようとする諸個人によって生みだされ、あるいは選択的に受け入れられる。そして、イデオロギーを通じての状況の読みかえを通じて、諸個人は自己の存在諸条件との間に、想像的で安定した関係を取り結ぶ。この想像的関係は、諸個人にとって、ブルデューのいう「ゲームのルール」を構成する。ブルデューによると、観察者の目に行為の規則性としてうつるものは、行為者たちが一定のゲームのルールに従って行為していることの結果である。明示化されコード化された規則の遵守によっては、諸個人は無限に多様な状況に適応することはできない。これが可能になるのは、諸個人が一定のルールを守りながらも不断の創案をもって行為する――あたかも有能なスポーツのプレーヤーのように――ゲームのセンスを身につけているからである。このゲームのセンスがハビトゥスである。ハビトゥスとは、「身体化され、本性そのものとなった社会的ゲーム」なのである（Bourdieu 1987 = 1988:99-103)。こうして諸個人は、自由に行為しながらも自己の存在諸条件に適合的で再生産的な諸実践を不断に遂行することになる。彼らは社会関係上の位置を、あたかも着物のように身にまとうのである（今村 1989:130)。

諸個人の存在諸条件に適合的で、再生産的な諸実践が発動されるメカニズムを、このようにイデオロギーとハビトゥスの二つのメカニズムによって把握することには十分な理由がある。先にみたように、アルチュセールのイデオロギー論は、諸個人が現実との間に想像的な関係を取り結ぶことを示したが、そこからさらに、諸個人が主体として、自己の存在諸条件に適合的な諸実践を遂行するメカニズムまでを明らかにしたものではなかった。一方、ブルデューは、ハビトゥスを「知覚・評価・行為のマトリックスとして機能する持続的で転移可能なディスポジションの体系」(Bourdieu 1972:178) として定義しているが、この定義によると、ハビトゥスは行為を発生させるメカニズムのすべてをカバーすることになる。これではハビトゥス概念への理論的負荷が重すぎ、ハビトゥスは一種の「救いの神」的概念にならざるをえない。

そもそも、状況を知覚・評価することと、それに適切な行為を遂行することとは別問題である。現にブルデュー自身、ハビトゥスの機能の前に「ゲームのルール」の存在を前提としていた。無限に多様な状況を、特定のゲームの状況として、ゲームの規則に従って対処すべき状況のバリエーションとして知覚することが、ハビトゥスの作動に先行しなければならないのである。さらに、状況を知覚し、それを自明のものとして評価したとしても、それにもとづいて発動される再生産的な行為は、ブルデューがハビトゥス概念によって強調するような無意識的・非意図的なものばかりではない。たとえば、人々はしばしば、ゲームのルールに反しないような新しい戦略を考案する。新しい戦略はゲームに新しい展開をもたらし、それを再組織化する。新しい戦略もいずれは習慣化し、ゲームのセンスと化して、無意識的に適用されるものとなるだろう。しかし、行為者の創意が発揮されるのは既存のゲームのセンスの適用のみにはとどまらないのである。したがって、われわれはハビトゥス概念を分節化する必要に迫られるのだが、ハビトゥス概念のこの前者の側面——知覚・評価の側面——は、イデオロギー概念によってより明確に表現されるのである。

要約しよう。生産様式とそれに由来する諸関係は諸個人の存在諸条件を構成しているが、諸個人は通常、これらの諸関係と想像的に関係する。この想像的関係の表象がイデオロギーである。イデオロギーを通じて諸個人は、多様な状況を少数の状況のパターンへと読みかえ、これらに対して安定的な関係を取り結ぶようになる。この基礎の上で人々は再生産的な諸実践を発動するが、それが最も安定的に保証されるのは、こうした諸実践が無意識的に発動される場合である。そして、無意識的に、自然に、自己の存在諸条件に、したがって生産様式とそれに由来する社会諸関係に適合的な諸実践を生みだす心的傾向、それがハビトゥスである。こうして、再生産的な諸実践は保証される。

(2) 資本主義のイデオロギーとハビトゥス

イデオロギーには現実の基盤がある。それは、生産様式とそれに由来する社会諸関係である。イデオロギーは諸個人とこの現実の基盤との関係に関与するものであるから、この基盤を遠く離れることはできない。したがって、それぞれの社会構成体には特有のイデオロギーが形成されることになる。資本主義的社会構成体において、その原形となるのは、第一に労働力と賃金の交換関係、第二に資本の投資と利潤の関係である。

労働者は、労働力の再生産費である賃金と労働力の生みだした価値の差額を、剰余価値として搾取される。ところがこの関係は、労働者の提供した労働と賃金の等価交換という外観をもっている。この外観が資本主義における最も基本的なイデオロギーの源泉である。つまり、搾取—被搾取という現実の関係が、等価交換関係という想像的な関係に読みかえられ、隠蔽されるのである。一方、資本家は自らの財産を資本に転化し、生産を組織して労働者から剰余価値を搾取し、利潤を得る。ところがこの関係は、投資とそれに対する正当な見返りという外観をもつ。この外観が、資本主義的イデオロギーの第二の源泉である。つまり、資本による剰余価値の搾取という現実の関係が、投資—収益関係という想像的な関係に置き換えられ、資本の自己増殖として物象化されるのである。

この二つのイデオロギーはそれぞれ直接には労働者階級と資本家階級に起源をもっているが、しばしば単一のイデオロギーの二つの側面としてあらわれる。というのは、最初の資本の蓄積が論理的には資本家個人の勤勉と節制に依存しているため、投資—収益関係も自己労働とそれに対する見返りという外観（一種の等価交換関係）をもつことができるからである。現実には、資本主義的生産の進行とともに、資本のなかの資本家の自己労働にもとづく部分は消費され、資本はもっぱら労働者から搾取された剰余価値からなることになる（領有法則の転回）。したがって、資本家のもつ資本を自己労働の成果と考えることはできない。しかし、これを自己労働の成果とみなし、剰余価値をそれに対する正当な見返りとみなす理解が、剰余価値の搾取という現実の関係を隠蔽する。

資本主義的生産様式のこのような読みかえの上で、資本主義的生産を実行し、維持する諸実践が発動される。労働と賃金の「等価交換」を目指す諸実践、資本に対する正当な「見返り」としての利潤を求める諸実践が自明のものとして発動されるのである。それは、明示化されコード化された規則に従った行為ではない。生産活動にともなう無限に多様な状況を、労働と賃金の等価交換、正当な見返りとしての利潤の獲得に関わる状況として読みかえることによって成立したゲームのルールの下で、自由に、一定の創意さえもって発動される諸実践である。こうして諸個人は、実は剰余価値の搾取であるところの労働力の賃金との交換、生産された価値と賃金の差額の資本家による取得という一連の過程、さらには労働力の資本主義的な使用、すなわち資本家による労働過程の組織と統制を自明のものとして遂行することになる。こうした諸実践を生みだすのが、資本主義的ハビトゥスである。それは、資本主義的生産様式という構造に適合的でそれを維持する諸実践を生みだす心的傾向である。こうして、資本主義的生産様式の文化的再生産の基本的なメカニズムが構成され、資本主義的生産様式の自己再生産的性格が保証されることになる。

(3)資本主義的生産様式と市民社会の接合

しかし、一方では、資本主義的生産様式の再生産は、市民社会領域における労働力の安定的な再生産に依存している。市民社会領域は商品交換関係とも、また生産組織にみられる支配・統制の関係とも異なる社会関係に支配されている。それは、共同的関係である。共同的関係は、それに適合的な諸実践によって、また、こうした諸実践を生みだすハビトゥスによって支えられている。したがって、諸個人は二つのハビトゥス、すなわち資本主義的なハビトゥスと、共同的関係のハビトゥスをもつことになる。

この二つのハビトゥスは、資本主義的イデオロギーによって接合される。ここでは家族関係を例にとってみよう。共同的関係の支配する家族においては、人々は他の家族との関係を労働―賃金関係や投資―収益関係としては理解していない。少なくともそれは望ましくないとされている。しかし家族の維持と発展のためには、外的な世界に対して労働―賃金関係や投資―収益関係として関係し、そこでより大きな賃金や収益を得ることが必要である。こうして人々は、家族の維持と発展のために、資本主義的生産様式の要請に従うのである。このように資本主義的イデオロギーを媒介として、二つの世界は接合する。資本主義的ハビトゥスに対して、共同的関係のハビトゥスが従属的に接合される。家族は資本主義の内なる外部であり、資本主義は家族のもつ自己保存への衝動を自らのために動員するのである。このとき人々は、資本主義の、不断に変化する諸要求、ときには苛烈ともなる諸要求に積極的に応じ続けるだろう。なぜなら、こうした諸要求に応じないことは資本主義的生産様式を担う主体としての失格を、したがって家族の維持困難を意味するからである。同様のことは、地域社会についてもいえる。地域社会における共同的関係、たとえば相互扶助関係が、資本主義的生産様式の維持・再生産へと動員されるのである。

(4) イデオロギー・ハビトゥスと文化システム

イデオロギーとハビトゥスは物質的な存在をもっている。それは大きく二つに大別される。それをここでは、文化的生産物および文化的諸制度と呼んでおこう。

文化的生産物には著作物、作品、建築物その他の構築物、儀礼のための道具などが含まれ、これらにはイデオロギーとハビトゥスが対象化されている。文化的生産物は人々がイデオロギーやハビトゥスを習得するための道具立てになるとともに、再生産的な諸実践が生みだされる環境を構成する。文化的諸制度は、アルチュセールが国家のイデオロギー装置と呼んだ諸制度、すなわち家族、学校、マスコミ、教会など、国家と市民社会にまたがる多くの諸制度を含んでいる。文化的諸制度は文化的生産物を配置するとともに、人々に再生産的な諸実践のモデルを提示してこれに従わせ、イデオロギーやハビトゥスを習得させる。また、主要な文化的生産物が生みだされるのも文化的諸制度においてである。こうして、文化的諸制度は、イデオロギーとハビトゥス、文化的生産物、再生産的な諸実践の相互関係を調整する場として機能するのである。

以上に提示された諸概念、すなわちイデオロギーとハビトゥス、文化的生産物、文化的諸制度、そして再生産的な諸実践は、これまで「文化」と総称されてきたさまざまな諸要素のほぼすべてを包括している。これまで「文化」という概念には無数といってよいほどの定義が試みられてきたが、それらは第一に共有された行動様式、第二に行動様式の背後にあり、人々の行動を規制する精神（規範、意味体系、イデオロギーなど）、第三に文化的生産物、第四に社会生活を構成するすべての社会諸制度や社会諸集団、のいずれかまたは複数を含んでいた（第一章参照）。第一の共有された行動様式とは、社会構造に適合的な、すなわち再生産的な諸実践にほかならないし、その背後で人々の行動を規制する精神とは、イデオロギーとハビトゥスをその中心的な要素としている。また、文化的諸制度は社会生活を構成する諸制度・諸集団の一つの重要な領域を構成している。こうしてわれわれは、これまで文化を構成するとされてきた四つの要素のそれぞれを、特定の社会の文化システムの四つの構成要因として把握することができる。そして、これらは全体として生産様式とそれに由来する社会諸関係に根ざすとともに、これらに対して再生産的に機能していると考えられる。そのメカニズムは**図表2・1**のように示される。

3　現代資本主義における文化的再生産

こうした資本主義社会の文化的再生産のメカニズムは、容易に確立し、機能してきたわけではない。それは長い歴史的過程のうちに、さまざまな困難をともないながら形成されてきたものである。しかもそれは資本主義の歴史的な変化とも無縁ではありえず、さまざまな変貌をたどってきた。その主要なものは、第一にイデオロギーとハビトゥスの制度的形態の確立、第二にイデオロギーとハビトゥス自体の構造の変化である。

(1) イデオロギーとハビトゥスの制度的形態

現代資本主義社会において、イデオロギーとハビトゥスは、独特の制度的形態をともなうことになった。それは「資格」という形態であ

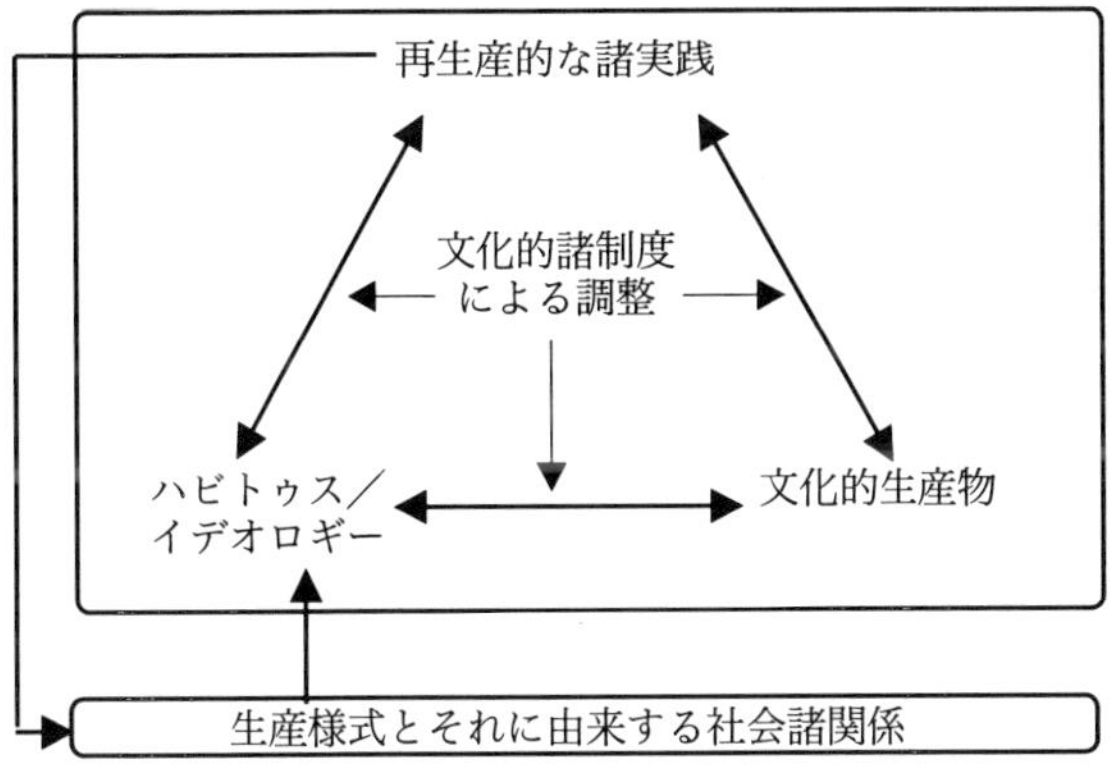

図表2・1　文化システムの構造と資本主義社会の再生産

る。

資本主義的生産様式は、それを構成する生産諸要素、すなわち諸主体と生産諸手段が市場を通じて交換・配置されるという特質をもっている。諸個人の占める位置はもはや属人的なものではない。このことは、いわゆる「法人資本主義」の成立、すなわち資本が私有財産として所有されるのではなく形式的な所有権が法人格に帰属するようになったことによってさらに明確になった。資本が私有財産として所有され、また、それが私有財産の相続を通じて世代的に継承される限りは、生産様式の中の諸位置への諸主体の配分の問題はそれほど重要なものとはならない。諸主体は私有財産の有無によって配分されるにすぎないからである。しかし、資本が法人格によって所有され、資本家階級が法的な所有ではなく資本に対する統制権（これ自体は、直接に相続されることがない）にもとづいて構成されるようになると、諸主体を資本家階級と労働者階級のいずれに配分するかという問題が発生する。

さらに、現代資本主義社会においては経営規模の巨大化や生産技術の高度化の結果として、労働者階級の労働過程の組織・統制という資本の機能の一部を代行したり、生産装置の開発や管理に従事したりする一群の人々、すなわち新中間階級が形成されるようになってきた。

この三つの階級、資本家階級、労働者階級、新中間階級の労働過程はそれぞれに異なっており、それぞれ異なる行動様式が要求されることになる。しかし、彼ら・彼女らは私有財産のような属人的な要因によって区別されるわけではない(3)。また、資本主義は生産諸要素が、したがって諸主体が市場を通じて配置される経済体制であるから、諸主体は生産様式の中の同種の位置に対しては相互に互換可能でなければならない。このとき生産様式の中の諸位置は、属人的・属性主義的なメカニズムに依存することなしに、適切なイデオロギーとハビトゥスをもった諸主体によって占められ続けなければならないことになる。

これを可能にするのが、資格制度である。資格は、諸主体のもつイデオロギーとハビトゥスを表示するものである。資格の最も代表的で包括的な形態である学歴は、国家によって組織された公教育制度によって統制され付与されている。公教育制度は学校体系において同種の成績を収め、同一の学校種を卒業した人々、したがって同種のイデオロギーとハビトゥスを習得している可能性の高い人々を、同一の学歴によって表示する。このことによって、労働市場は常に、取り換え可能な一群の諸主体を確保するのである(4)。

このことはまた、資本主義的生産様式にともなうさまざまな不平等の正統化をもたらすことになる。学歴は、能力の指標としての中立的な外観をもっている。したがって、学歴にもとづいて諸個人が生産様式の中の不平等な諸位置に配分されていることは、能力や勤勉の程度に対する正当な見返りという外観をもち、正統性を獲得しやすいのである。

(2) イデオロギーとハビトゥスの変貌

一方、生産力を巨大に発展させ、生活水準を継続的に向上させてきた先進資本主義社会では、世界を投資―収益関係として把握する資本家階級のイデオロギーが、資本家階級を超えて次第に一般化していった。先述のようにそれまでは、労働者階級と資本家階級が資本主義的生産様式に対して取り結ぶ想像的関係は異なっていた。前者は労働―賃金の等価交換、後者は投資―収益関係として、資本主義的生産様式を経験していたのである。この両者がしばしば混同されるとしても、それは投資―収益関係が労働―報酬関係と同等のものとして理解されることによってであった。ところが現代資本主義社会においては、この両者はともに、投資（資本または労働）―収益（利潤または賃金）の関連を示すものとして融合される傾向にある。このイデオロギーの下では、すべての諸主体にとって、世界は投資―収益関係としてあらわれ、すべての諸階級がまったく同等の存在とみなされることになる。同様に、ハビトゥスも新たな形態をとることになる。その基本原理は、収益への欲求である。イデオロギーを通じて世界は自己の投資によって収益を生みだしうる場として知覚されるが、その基礎の上で、資本主義的ハビトゥスは収益を最大化するべき諸実践を発動するのである。

イデオロギーが世界を投資―収益関係へと読みかえる構造をもち、ハビトゥスが収益への欲望を身体化しているということは、この両者が資本家階級に由来していることを示している。この意味で、現代の資本主義的イデオロギーと資本主義的ハビトゥスはともに支配階級のものである。しかし、それはすべての階級に浸透する。そして、資本―利潤と労働―賃金を同等の関係とみなすこの理解の上で、資本家階級と労働者階級がともに自己の「収益」を最大化しようとすること――このことは、資本家にとっては労働者の最大限の搾取を、労働者にとっては最大限の労働力の支出を意味する――により、資本主義的生産は、最高度の安定と成長を達成することになる。

(3) 資本主義的イデオロギーの一形態としての人的資本理論

一九六〇年代の初めにシュルツによって提唱され、一時期、教育政策の指導的理念にまでなった人的資本理論は、こうしたイデオロギーを典型的に示すものだった。この理論は、教育への投資が社会的にも個人的にも有効な「投資」であると主張した。ここで重要なのは後者、すなわち教育費の支出が諸個人にとって有効な投資であるという命題である。教育費の支出は、諸個人の労働能力を高め、収入を増加させる。したがって、教育費の支出は一種の投資であり、それに対応した収益をもたらすというのである。

個人的な教育費の支出と、学歴の獲得を通じての高い収入の獲得を、投資―収益関係とみなすこの理解は、きわめてイデオロギー的なものである。現実に起こっていることは、教育支出が学歴の獲得を可能にするということ、そして学歴が諸個人をそれぞれの階級的位置に配分する基準となっており、高い学歴をもつ人々はより有利な階級に配分されるということである。しかし人的資本理論は、この一連の過程を一種の価値増殖関係と理解する。この理解を通じて、労働者階級と新中間階級は、資本家階級と同等の存在であるかのようにみなされる。知識や技術を身につけることによって、労働者は資本家となり、収益を手にできるのである（Schultz 1961 = 1977:314）。人的資本理論は、「労働者は（技術と知識という形をとった）資本の所有者であり、（自分自身に）投資する能力をもっていると主張することによって、資本主義の支持者たちのイデオロギー的な心情に、直接訴えるものをもっていた」。こうして、「財産もなければ、自らの労働の過程も労働の所産も自由にすることのできない、あわれな労働者は、資本家に変身してしまったのである」（Karabel & Halsey 1977 = 1980:16-17）。

このイデオロギーに、広く受け入れられるだけの現実的な基盤があったことは認めねばならない。教育への支出によって高い収入を得ることが可能であるとすれば、それは諸個人の目からは、確かに一種の「投資」とうつるだろう。しかしこの理解は、階級的な不平等を隠蔽し、正統化する強力なイデオロギーであった。それはさらに、少数民族や女性の不利な立場をも正統化する効果をもつことになった。彼らの所得が低いのは、教育に対する投資が不足しているからであり、彼ら自身の責任なのである（Schultz 1961 = 1977）。

人的資本理論は、一つの例にすぎない。資本主義社会には、努力を通じての成功、機知による財産の獲得といった、世界を投資―収益関係として理解するイデオロギーが蔓延している。すべての人々は資本家階級である――これは資本主義が到達しえた最強のイデオロギーであり、これによって階級対立は最終的に（想像的に）解決されるのである。

4　イデオロギーの外部へ――資本主義社会の文化的「非・再生産」の可能性

(1)閉ざされた再生産過程

イデオロギーとハビトゥスという二重のメカニズムによって、このように社会構成体の再生産が保証されていると論ずるとすると、ここに一つの問題が生じる。人々はいかにして、この再生産過程の外部に出ることができるのかという問題である。

アルチュセールのイデオロギー論に対してしばしば浴びせられる批判の一つは、この点に関わっている。アルチュセールによると、「イデオロギーは外部をもたない」(Althusser 1970 = 1975:76)。イデオロギーは、イデオロギーを否定する。自分がイデオロギーのなかにいるということを認識するためには、イデオロギーの外にいる必要がある。しかし、人々は家族的なイデオロギーの諸形態によって、生まれる以前から「常に既に」主体であることを運命づけられている(5)。ここには、人々がイデオロギーの外部に出る可能性が閉ざされている。これは、マルクス主義理論にとっては深刻な矛盾である。というのは、マルクス主義理論はこれまで、資本主義の永遠性を否定し、その変革の可能性を示すことをその存在理由としてきたからである。しかも、現実の社会構成体は歴史的に幾度かの全面的な変動をこうむってきているのであり、これでは、マルクス主義が社会変動の理論として無効であることを宣言するに等しい。

この理論的な困難の性格を、整理しておこう。土台―上部構造論というマルクス主義の伝統的な図式は、基本的な困難を抱えている。イデオロギーを含む上部構造が土台によって決定されるとすれば、そもそも土台に対する批判的・対抗的な認識は成立しえない。この理論構成によっては、社会構成体は土台による決定と上部構造の再生産的な機能からなる閉じた体系となるほかはないのである。アルチュセールが論じたように、土台による上部構造の決定という素朴な空間的比喩を超えて、上部構造が土台の最終審における決定によって決定される一方で、土台に対して再生産的な反作用を及ぼすという立場に立っても、この困難は解消しない。

この問題に対する古典的な回答は、レーニン（Lenin 1917＝1970）によって与えられた。すなわち、この閉じた体系を超越した認識と実践の中心として、「前衛党」という概念が導入され、社会構成体のさまざまな変動要因がここに集約されるのである。しかし、前衛党と、それを支える超越的な認識の成立はいかにして可能なのだろうか。レーニンの回答は、結局のところ問題の先送りにすぎない。

(2) 二つの世界・分裂した主体と変革主体

このジレンマを解決するために、ここで次の前提を導入することにしよう。

「社会構成体は、土台＝生産様式と構成的な関係にある領域と、事後的に生産様式と接合し、これによって利用され変形されるにすぎない領域とに分裂している。これに対応して諸個人も、生産様式の担い手としての主体と他の主体とに分裂している」(6)。

先にわれわれは、諸個人が資本主義的生産様式と共同的関係という二つの世界をもち、これらが前者の優越性の下で接合されていることをみた。ここにみられるのは、実は単一の主体ではなく、二つの主体の接合である。つまり、資本主義的生産様式の担い手としての主体の下への、共同的関係の担い手としての主体の従属的な接合である。資本主義的生産様式は、労働力の再生産のために内なる外部を必要とする。そのためにも、こうした複合的な主体が不可欠なのである。

ここに、人々が資本主義的社会構成体の再生産の閉じた体系から逃れ出る可能性の根拠がある。それは、二つの主体の接合が脱構築し、共同的関係の担い手としての主体が支配的な要素となるという可能性である。

その契機となるのは、資本主義的生産様式の要請が、共同的関係にとって破壊的であることが明らかになることである。このとき、世界を共同的関係の維持のための投資—収益関係と理解するイデオロギーは根拠を失い、二つの主体は分裂する。ここから二つの道が生まれる。第一に、共同的関係の担い手としての主体が崩壊する、つまり諸個人が資本主義的生産様式の担い手としての主体に純化されること。しかし、この道はいずれ労働力の再生産障害を生みだすだろう。第二の道は、資本主義的生産様式の担い手としての主体が、共同的関係の担い手としての主体に従属的に接合されなおすこと。ここでは諸個人は、共同的関係の維持・再生産の必要の範囲内でのみ、資本主義的生産様式の担い手となり、それに対する関与を制限したり留保したりすることになる。こうした主体の再編は、資本主義的生産様式の再生産障害を生みだし、これと構成的な関係にある社会構成体の諸領域（商品市場や労働の資本家的統制など）の縮小をもたらすだろう。

このような説明は、従来のマルクス主義的な社会変動論と著しく異なっており、その否定のように思われるかもしれない。しかし両者の距離は、それほど大きいわけではない。

社会主義革命を通じての社会変動というマルクス主義の伝統的なヴィジョンは、そもそもの前提を、労働者の階級的連帯においていた。この階級的連帯とは、非経済的な諸関係であり、しかも労働過程の資本家的統制とは異なり、資本主義的生産様式と構成的な関係にはない。それはむしろ、市民社会における共同的関係に近く、資本主義の内なる外部である。こうした関係が労働の場において形成されることが、マルクス主義的な社会変動論の前提である。

しかし、労働のフォード主義的な編成の下では、このような共同的関係が形成される可能性が減少している(7)。労働時間の短縮傾向は、その可能性と労働者にとっての必要性を、さらに減少させていくだろう。これに対して、労働力の再生産の場である市民社会は、都市化の進行とともに生活手段を高度に共有化する傾向にあり、階級的／非階級的両面から、連帯の基盤となる可能性を、ますます増大させているのである。ここに、変革主体の形成される潜在的な基盤がある。

こうした主体の形成は、部分的には現実となりつつある。代表的な例は、都市新中間階級世帯の主婦である。主婦はもともと、資本主義的生産様式に対して間接的・部分的にしか関与していないが、共同的関係については中心的な位置を占めている。こうした構造的位置のため、彼女らは共同的関係を準拠点として、資本主義的生産様式を問うことができる。そして現実に、地域社会における主婦の運動は、日本の政治に無視できない変化を生みだしてきた。同様の変化は、退職者・失業者および半失業者・子どもなど、資本主義のその他の周辺部からも生じる可能性がある。それは具体的には、多様な都市社会運動という形態をとるだろう。

資本主義的生産様式に対する対抗的な主体の形成は、資本主義の内なる外部からはじまる。それが、労働者の生産点における共同的関係に求められないとすれば、いまや、戦線は生活点における共同的関係に移らざるをえない。二〇世紀末からはじまった政治変動の、最も基本的な背景の一つは、ここに求められる。

第三章　文化の階層性と階級構造の正統化

1　文化と階級構造

(1)文化と階級についての二つの仮説

文化(1)と階級は、どのような関係にあるのか。論理的には、対照的な二つの仮説を考えることができる。

第一の仮説は、文化的統合仮説と呼ぶことができる。この仮説によると、支配階級の文化はすべての階級に浸透し、諸階級の文化的統合が成し遂げられる。こうして諸階級の文化的異質性が消滅すれば、支配階級はその経済的・政治的支配を維持することが容易になる。これはいうまでもなく、マルクスが『ドイツ・イデオロギー』で支配階級の思想について述べた次の仮説の翻案にほかならない――「支配的階級の思想はいずれの時代においても支配的思想である」「支配的思想は……一方の階級を支配階級たらしめているような諸関係の観念的表現であり、したがってこの階級の支配の思想である」(Marx & Engels 1845-6 = 1964:42-44)。

これに対して第二の仮説は、階級文化仮説と呼ぶことができる。この仮説によると、各階級はそれぞれ固有の文化をもち、互いに文化的な異質性を保持している。経済的・政治的な支配・従属関係の存在にもかかわらず、この異質性はなくならない。そして被支配階級の文化は、支配階級に対立するアイデンティティの源泉であり続け、階級意識をはぐくみ続ける。この仮説は、互いに異質な下位文化によって身分集団を定義したウェーバーの問題設定を受けつぐとともに、英国の労働者階級文化研究から引き出されるものである。

しかしながら、これら二つの仮説の欠陥は明らかである。

文化的統合仮説は、事実と相容れない。多くの研究は、依然として各階級が文化的な異質性を保持していること、耐久消費財やマスメディアなどの共通部分の拡大にもかかわらず、生活様式や文化的な好みには依然として階級差が検出できることを示している。

階級文化仮説は、階級間の支配・従属関係が階級文化に与える影響を無視している。それは「物質的生産のための手段を意のままにしうる階級はそれと同時に精神的生産のための手段を自由にあやつることができる」(Marx & Engels 1845-6 = 1964:42) こと、さらに従属階級の文化が周辺化され、貶《おとし》められてきたことを無視している。

したがって文化と階級の関係を明らかにしようとする試みは、「各階級が文化的な異質性を保持しているにもかかわらず、否、それゆえに、諸階級は文化的に統合される」という逆説的な事態を説明するものでなければならない。ここではその手がかりを、ピエール・ブルデューの理論に求めよう。ブルデュー理論の中心的な要素の一つは、文化の階層性の問題である。ここに注目することにより、われわれは彼の理論から、次のような一連の諸命題を引き出すことができる(2)。

(2) 文化評価の存在と文化の階層性

さまざまな文化の間には、特定の評価の序列が存在する。いうまでもなく、諸文化の差異は質的なものであり、これに対する「高い・低い」の評価は恣意的なものでしかありえない（文化的恣意性）。にもかかわらず、現実には諸文化の間には社会的に共有された評価の序列が存在する（文化評価の存在）。そして文化の階層性とは、こうした諸文化への評価の序列と、その文化の担い手である諸階級の間の序列に対応関係があることをいう。つまり、上層階級の成員は評価の高い正統的な文化を、下層階級の成員は評価の低い非正統的な文化を共有している状態である（文化の階層性の存在）。

文化の階層性は特定の社会的効果を生みだす（文化の階層性の社会的機能）。ブルデューはじめ多くの論者たちは、この効果を「再生産」と呼んできたが、ここには少なくとも二つの効果が含まれている。第一に、文化の階層性は諸階級の世代的再生産に関与する。階級の世代的再生産とは、ある階級において、その成員の次世代の大部分がやはりその階級にとどまり続けることを通じて、階級の特性が高度に保持され続けることをいう。第二に、文化の階層性は階級構造の再生産に関与する。ここで階級構造の再生産というのは、各階級の成員の交代や移動にもかかわらず、一定の性格と相互関係を保持した諸階級が存在し続けることである。

文化の階層性はこの両者の過程に、次のように関与している。第一に、文化の階層性のシステムのなかで、諸個人はその出身階級によって、身につける文化の内容を決定される。一方、学校教育は特定の文化、すなわち評価の高い正統的な文化を前提としている。このとき、正統的な文化を身につけた上層階級の出身者は学校教育で有利な立場に立ち、高い学歴を獲得して、やはり上層階級に所属する可能性が高い。ここで正統的文化は、上層階級の出身者が親と同じ階級に所属することを可能にするという意味で、相続可能な経済資本と同等の機能をもったことになる。このような正統的文化を、文化資本と呼ぶ。他方、下層階級の出身者は非正統的な文化、すなわち学校教育では重視されない文化を身につけているために教育達成には大きな努力を必要とし、結局、下層階級に所属する可能性が高い。こうして、出身階級の文化と学校教育を媒介として、階級所属が世代的に継承される傾向が発生するのである。ブルデューが、その一九六〇年代の著作『遺産相続者たち』(Bourdieu & Passeron 1964 = 1997) で注目したのは、こうした一連の過程であった。

第二に、評価の高い正統的な文化が上層階級と、評価の低い非正統的な文化が下層階級と結びついているとき、諸個人が身につけている文化はしばしば、階級所属の「原因」として表象される。そして、こうした文化評価の構造が正統なものとして受け入れられている限り、その「結果」である階級間の不平等は正統なものとして受け入れられることになる。つまり、上層階級の人々はすぐれた文化を身につけたがゆえに高い地位や多くの財を獲得するのであり、下層階級の人々は劣悪な文化を身につけたがゆえに下層にとどまっているのだ、と。ブルデューが次のようなもって回ったいい方で表現しようとしたのは、こうした一連の過程であった。

> 低次元の、粗野な、下品な、金銭ずくの、卑屈な、一言でいえば自然な喜びを否認すること、それは文化的神聖物を聖なるものとして構成する行為であり、昇華され、洗練され、無私無欲で、無償で、上品で、単なる俗人には永遠に禁じられている快楽で満足することのできる人々の優越性を肯定することにほかならない。こんなわけで芸術と芸術消費とは、人がそう望もうと望むまいと、またそれを知っていようがいまいが、もろもろの社会的差異の正当化という社会的機能を果たす傾向をもっているのである。(Bourdieu 1979 = 1989:13)

2　正統的文化と「教養」の概念

諸文化への評価の序列は、明示的に教えられるわけではない。にもかかわらず、社会的に共有された評価の序列が成立するのはどのようなメカニズムによるのか。ここでの仮説は、次のようなものである。

私たちの社会には、第一章で検討したような社会科学的な意味での「文化」概念とは別に、しばしば用いられるもう一つの文化概念がある。それは規範的な意味での〈文化〉、すなわち「良きもの」としての〈文化〉である。この規範的な意味での〈文化〉の中心的な要素が、正統的な文化であることはいうまでもない。

規範的な意味での〈文化〉を代表するのが、「教養」という概念である。正統的な文化は、「教養」という概念を中心に、「良きもの」として、一貫性をもつものとして表象されている。そして諸文化は、この「教養」に含まれるか否かによって、またその程度によって、一元的に序列化されている。つまり「教養」概念は、特定の文化の卓越性を正統化する概念なのである。こうして文化評価の構造は維持される。

ブルデューによると、規範的な意味での〈文化〉すなわち「教養」は、学歴と不可分の関係にある。「ある特殊な能力を形式上保障するような学歴資格……のうちには、それが権威ある肩書きであればあるほど、その持ち主がそれだけ幅広く広範な『一般教養』の所有者であることを実質上保障するということが、暗黙のうちに含まれているのである」(Bourdieu 1979 = 1989:40)[3]。

一方、先にみたように、正統的な文化を身につけていることは高い階級所属を可能にし、しばしば経済的な「収益」さえもたらす。文化資本という概念は、文化の階層性のシステムのなかで正統的な文化がもつこうした機能に言及した概念である。したがって「教養」そして「学歴」は、現代社会のなかで文化資本としての正統的な文化がとる主要な形態なのである。

だとすると、「教養」を社会学的に問うことは何を意味するのか。それは、「ふつう用いられる狭い規範的意味での『教養』を民族学でいう広い意味での『文化』のなかに組み入れ」ることである（Bourdieu 1979 = 1989:156）。「教養」を問うことは、文化的恣意性にもとづく文化評価のシステムの脱神話化の作業でもあるのだ。

3　データと階級カテゴリー

それでは次に、先に示した諸命題をデータにもとづいて検証してみることにしよう。今回用いるデータは、次の調査によるものである。

(a)大学生調査Ａ　一九八七年五・六月実施。調査対象は首都圏の四年制大学学生、有効回答数は一三六七である。

この調査は、宮島喬・藤田英典・秋永雄一・志水宏吉との共同研究の一環として実施されたものである。

(b)大学生調査Ｂ　一回目は一九九一年七月、その結果をふまえた上で二回目が同年九月に行なわれた。調査対象は東海地方のある国立大学の学生で、有効回答数は一回目が三四八、二回目が三八六である。

今回の調査対象が大学生のみであることから、検討できる問題には限界がある(4)。まず文化の階層性の問題については、今回のデータは社会一般にみられる文化の階層性を明らかにするものではない。ただし、すでに学校教育を通じての選別を受けた大学生の間に出身階級にもとづく文化の階層性が認められたとすれば、選別にもかかわらず残存するほどの強い文化の階層性が存在することの証拠になるだろう。一方、社会諸階級の世代的再生産の問題については、直接に検討することはできない。この問題については、他の研究を参照されたい(5)。

また、今回の分析が「ブルデュー理論の検証」という性格をもつことを考慮し、分析に際しては、ブルデューが実証研究に使用した階級カテゴリーを、可能な範囲で再現したもの（準ブルデュー式階級分類）を用いた。これを示したのが、**図表３・１**である。

4　文化評価の構造

(1) 文化評価スコアの算出

文化の階層性の構造を明らかにするためには、まず諸文化への評価の構造を明らかにしておく必要がある。このため大学生調査Aでは、さまざまな分野にまたがる一七種類の文化的活動を例示し、それぞれに対する評価を、「上品である」「やや上品である」「どちらともいえない」「あまり上品でない」「上品でない」の五段階で尋ねるという質問項目を設定した。そしてこれらの質問への回答を、「上品である」に一〇〇、「やや上品である」に七五、「どちらともいえない」に五〇、「あまり上品でない」に二五、「上品でない」に〇点を与えて平均するという方法によって、文化評価スコアを算出した。**図表３・２**は、その結果を示したものである。

図表 3･1　準ブルデュー式階級分類

1. 経営者・専門職［上流階級］
2. 中下級管理職・専門職員［中間階級１］
3. 自営業者［中間階級 2］
4. 労働者・農民［庶民階級］

職業＼役職	経営者･役員･政府高官	中間管理職	専門職の管理職	係長以下･一般職員	単独･自営･家族従業者
専門１	1	1	1	1	1
専門２	1	2	1	2	3
販売･熟練･半熟練･非熟練	1	2	1	4	3
農林漁業	1	2	1	4	4

注）中間管理職は、部長、局長、事務長、課長、調査役、参事、支店長、店長、営業所長を指す。専門職の管理職は、学校長・教頭、研究所長、病院院長など。専門１は、科学研究者、技術者、医師・歯科医師・薬剤師、裁判官・検察官・弁護士、公認会計士、中・高・大学教員、獣医師。専門２は、その他の専門的・技術的職業。

全体に、「上品」な活動と「上品でない」活動とが、明確に区別されていることがわかる。最も高く評価されたのは、クラシック音楽、美術、短歌・俳句など古典芸術に関わる活動であり、これに中間的な性格をもつ芸術である演劇と、フランス料理、芸術・歴史の本が続く。低く評価されたのは、大衆娯楽に属するパチンコ・マージャンとカラオケ、それに大衆的なマスコミである写真雑誌とスポーツ新聞である。標準偏差をみると、評価の序列の上位部分と下位部分で大きくなっており、評価にある程度のバラツキがあることがわかる。これらはいずれも、「上品」か「上品でない」に回答が集中したものの、かなりの回答が「どちらともいえない」にまで分布していることによるものである。

(2) 文化評価スコアの信頼性

次に、こうして算出した文化評価スコアがどの程度信頼できるものであるかを検討することにしよう。

まず、一七種類の文化的活動から二つを取り出したすべての組み合わせについて、それぞれの文化評価スコアの大小関係に反する評価をした回答者、すなわち、文化評価スコアの大きいものをより「上品でない」と評価した回答者の比率を算出した。図表は示していないが、文

図表 3･2　文化評価スコア一覧表

	文化評価スコア	標準偏差
クラシック音楽のコンサートへ行く	82.8	21.1
美術館や美術の展覧会へ行く	80.0	19.8
ピアノを弾く	75.4	20.6
短歌・俳句を作る	72.9	20.6
演劇を見に行く	68.2	20.9
フランス料理の店で食事をする	67.9	23.7
芸術や歴史にかんする本を読む	65.2	18.8
総合雑誌（世界・中央公論など）を読む	58.9	18.6
手芸や木工・模型作りなどをする	56.4	16.2
映画を見に行く	55.1	15.9
テニスをする	51.6	17.0
若手作家の小説を読む	50.6	15.4
テレビの歌謡番組を見る	39.0	17.1
カラオケで歌う	28.4	21.0
スポーツ新聞を読む	28.0	20.7
写真雑誌（FOCUS･FRIDAY など）を読む	21.2	20.9
パチンコ・マージャンをする	20.9	20.8
全　体	54.2	20.3

化評価スコアが近接しているものどうしでは、文化評価スコアの大小関係に反する回答の比率が増大するものの、それでもいくつかの例外を除けば二割以下で、最も大きい「演劇を見に行く」と「フランス料理の店で食事をする」の組み合わせの場合でも、二七・〇％にすぎない。文化評価スコアの順位の差が五を超えると、すべての組み合わせで文化評価スコアの大小関係に反する回答の比率が一〇％未満となる。したがって文化評価の序列は、回答者の間で高度に一致しているとみてよい。

次に、文化評価スコアが回答者の属性によって影響されているかどうかを検討することにしよう。**図表3・3**は、回答者の属性ごとに文化評価スコアを算出し、その平均値と標準偏差、それに全回答者から算出した文化評価スコア（図表3・2）との相関係数を示したものである。相関係数はほとんどが〇・九九を超えており、文化評価に回答者の属性はほとんど影響していないことがわかる。唯一の例外は父親の職業が農業であるものだが、これはサンプル数が二四人ときわめて少ない。平均値には各属性でほとんど差がみられない。標準偏差をみると、女性は男性よりかなり大きい。つまり女性は男性に比べて、さまざまな文化的活動をより強く評価づける傾向があるのである。たとえば、「クラシック音楽の

図表3・3　回答者の属性ごとに算出した文化評価スコアの性質

		平　均	標準偏差	相関係数
全体		54.2	20.3	1.0000
父親職業	専門	54.5	20.6	0.9989
	管理	54.1	20.7	0.9998
	事務	53.6	18.7	0.9975
	販売・サービス	54.8	20.7	0.9973
	技能	54.6	20.0	0.9986
	農業	55.5	18.8	0.9685
父親学歴	高学歴	54.4	20.8	0.9997
	中学歴	54.0	19.8	0.9995
	低学歴	54.5	20.2	0.9955
母親学歴	高学歴	54.5	21.2	0.9991
	中学歴	53.9	20.2	0.9999
	低学歴	55.2	20.2	0.9974
出身地	大都市部	54.3	20.6	0.9999
	地方	54.4	20.2	0.9996
性別	男性	53.2	18.8	0.9990
	女性	55.6	22.6	0.9987

コンサートへ行く」のスコアは男性七八・九に対して女性では八八・二、「パチンコやマージャンをする」のスコアは男子二三・八に対して女子では一六・八である。しかし両者の文化評価の序列には、ほとんど違いがなく、順位相関係数は〇・九九である。

以上からみて、回答者が大学生のみという限界はあるものの、社会的に合意された文化評価が存在するという命題は検証されたといってよいだろう。

5　文化の階層性の存在

(1) 出身階級と文化的活動の内容

次に、文化的活動の出身階級による違いについて、基本的な事実を確認しよう。図表3・4は、九種類の文化的活動を取りあげて、最近一年間にしたことがあるかどうかを尋ねた結果を、父親の所属階層別にみたものである。一見してわかるように、文化的活動の内容の出身階層による差はかなり大きい。とくに「クラシック」「美術館・展覧会」では経営者・専門職出身者を

図表3・4　文化的活動と出身階級

	経営者・専門職		中下級管理職・専門職員		自営業者		労働者・農民	
クラシックのコンサートへ行く	8.3	30.7	4.5	27.1	5.3	21.8	3.0	11.9
美術館や美術の展覧会に行く	19.7	48.5	16.2	43.1	11.1	52.0	5.9	42.2
映画を見に行く	38.9	53.1	34.3	56.6	36.8	52.6	26.7	59.3
パチンコやマージャンをする	11.1	25.8	12.4	23.5	14.6	23.4	14.2	29.1
手芸や木工・模型作りなどをする	10.9	35.6	8.8	34.0	9.9	34.5	8.9	20.7
楽器を演奏する	22.6	32.1	22.0	32.0	20.5	24.0	16.3	28.1
芸術や歴史に関する本を読む	20.1	51.9	17.1	51.2	13.5	57.3	9.6	54.1
総合雑誌(世界・中央公論など)を読む	6.4	34.4	3.9	33.6	5.3	29.2	4.4	25.2
スポーツ新聞を読む	14.2	38.2	18.8	36.0	25.1	35.7	25.9	40.0

＊左側の数字は「かなりある」、右側の数字は「すこしある」との回答の比率を示す。

頂点とする序列が顕著である。これに次いで差の大きい「芸術・歴史の本」「総合雑誌」とあわせてみると、評価の高い文化的活動ほど階層差が大きく、出身階層の高い学生に限定されていることがわかる。逆に「スポーツ新聞を読む」は、出身階層の低い学生に多くなっている。

本人の文化的活動の内容に関するこの設問に含まれる文化的活動は、「楽器演奏」を除いて、先に文化評価スコアを算出するのに用いた設問に含まれている。このため、先に算出した文化評価スコアを用いると、本人の文化的活動の内容をスコア化することができる(6)。こうして算出したスコアを、文化スコアと呼ぶことにしよう。**図表3・5**は、回答者の属性別に文化スコアの平均値を算出し、分散分析を行なった結果を示したものである。級間分散はいずれも一％水準で有意である。相関比（η）からみると、最も影響力の強いのは性別である。これは「パチンコ・マージャン」、「スポーツ新聞」という、評価がきわめて低く、しかも通常は主に男性が行なう文化的活動が算出基準に入っていることによるものである。ただし、このことはスコアの妥当性が低いということを意味するわけではない。むしろ、女性に対して「低い」文化的活動を行なうことに対する社会的な統制が強く働いていることの結果と考えるべきであろう。出身階級、親の学歴によるスコアの差はかなり大

図表3・5　属性別平均文化スコア

父親階級	経営者・専門職	56.4
$\eta = 0.148$	中下級管理職・専門職員	55.0
	自営業者	54.1
	労働者・農民	51.0
父親学歴	高学歴	56.3
$\eta = 0.152$	中学歴	53.7
	低学歴	51.3
母親階級	経営者・専門職	57.1
$\eta = 0.107$	中下級管理職・専門職員	54.9
	自営業者	55.0
	労働者・農民	53.0
	無職	55.6
母親学歴	高学歴	58.7
$\eta = 0.225$	中学歴	54.2
	低学歴	51.7
大学分類	1　上位	57.0
$\eta = 0.140$	2	54.5
	3	54.6
	4　下位	53.1
性別	男	50.2
$\eta = 0.521$	女	61.5

きい。なかでも母親の学歴の影響力が強いことが注目される。全体に女性のほうが出身階級や親の学歴が高い傾向があるため、性別や大学分類をコントロールした集計も同時に行なったが、母親の所属階級を除いては依然として影響力が認められた。以上からみて、日本の大学生においても、かなり明確な文化の階層性が認められると結論することができる。

(2) 文化の世代的継承性

次に、諸個人の文化的な特質が、世代間でどの程度継承されるのかを検討することにしよう。親の文化スコアと本人の文化スコアの相関を示したのが**図表3・6**である。全体では両者の相関係数は〇・二六一となったが、注目されるのは、両者の相関、すなわち文化の世代的継承性の強さが、本人の性別、出身地や大学のタイプによって大きく異なることである。文化の継承性は男性より女性で、地方出身者より大都市周辺出身者で、共学大より女子大で、大学分類上位より下位で、国立大より私立大で大きいのである。

この点を理解するためには、ディマジオ（DiMaggio 1982）の「文化的再生産モデル」と「文化的社会移動モデル(cultural mobility model)」の区別が有用であろう。ディマジオはアメリカの高校生の教育達成を分析した結果、男子では低い学歴の親をもつ生徒が文化資本を身につけて高い成績を得る傾向がみられるのに対し、女性では学歴の高い親を

図表3・6　本人の文化スコアと親の文化スコアの相関

全体		0.261
性別	男性	0.208
	女性	0.278
大学分類	1　上位	0.194
	2	0.255
	3	0.331
	4　下位	0.278
出身地	大都市	0.276
	地方	0.195
共学／女子大	女子大	0.367
	共学男女計	0.226
	共学男子	0.206
	共学女子	0.203
大学設置者	国立	0.174
	私立	0.293

もつ生徒が文化資本を活用して高い成績を得る傾向が強いことを示し、男子には文化的社会移動モデルが、女性には文化的再生産モデルが妥当すると主張した。文化的活動の世代的継承性をみる限り、日本にもこの傾向はあてはまる。しかも、それだけではなく出身地や大学のタイプについても同様の違いが認められる。大学分類上位の大学、国立大学、共学大、地方出身者では「文化的社会移動」の傾向が強く、大学分類下位の大学、私立大学、女子大、大都市周辺の出身者では「文化的再生産」の傾向が強い。前者には親のもつ正統的文化を継承した学生とともに、自分で新たに正統的文化を身につけた学生が、後者には親の多様な文化をそのまま継承した学生が多いのである。

6 「教養」イメージと階層構造の正統化

(1) 「教養」と「教養人」のイメージ

次に、評価の高い正統的文化が「教養」という概念を中心に一貫性のあるものとしてイメージされているという仮説について検討しよう。

大学生調査Bでは、一〇分野の知識や技芸を例示して、それぞれが「教養」に含まれるかどうかを問う設問を設けた。この結果を示したのが、**図表3・7**である。「教養」に「含まれる」とみなされる傾向が強かったのは、「政治情勢や経済情勢に関する知識」（八一・一％）、「食事のマナーを身につけていること」（六一・七％）、「美術や絵画に関する知識」（五一・三％）、「クラシック音楽に関する知識」（四一・五％）などで、これらは、多少の順位の変化はあるものの、いずれも図表3・2でみたように文化評価スコアの高かった活動に関係するものである。逆に「含まれない」とみなされる傾向が強かったのは、「マージャンなどのゲームに関する知識」（五三・六％）、「プロ野球やプロゴルフに関する知識」（四三・〇％）、「ピアノを弾けること」（三二・九％）、「流行の若手作家の小説に関する知識」（二七・七％）などで、知識というよりは技芸に特化した項目である「ピアノを弾けること」（「含まれる」との回答は、「演劇に関する知識」に次いで多い）を除けば、いずれも文化評価スコアの低かった活動に関係するものである。したがって正統的文化は、やはり「教養」という概念と密接な関係にあるとみることができる。

次に、こうした「教養」概念と階級の関係をみるため、一一種類の職業を例示して、それぞれについて「教養のある人」が多いと思うか少ないと思うかを尋ねた結果が、**図表3・8**である。回答者た

図表 3･7　「教養」のイメージ

	含まれる	少しは含まれる	含まれない
政治情勢や経済情勢に関する知識	81.1	15.8	2.1
食事のマナーを身につけていること	61.7	33.2	4.1
美術や絵画に関する知識	51.3	40.7	7.5
クラシック音楽に関する知識	41.5	47.9	9.8
演劇に関する知識	28.2	51.3	19.9
ピアノを弾けること	23.6	42.0	32.9
映画に関する知識	22.8	51.0	24.9
流行の若手作家の小説に関する知識	18.4	52.6	27.7
マージャンなどのゲームに関する知識	13.0	32.4	53.6
プロ野球やプロゴルフに関する知識	11.9	43.8	43.0

注）設問は次の通り。「人々は、他の人々について『教養がある』『教養がない』などということがあります。それでは、『教養』とは何でしょうか。次の中から、『教養』に含まれると思うものを選び、該当する番号に○をつけてください」。

図表 3･8　「教養のある人」が多い職業

裁判官	81.2
大学教授	76.4
新聞記者	71.2
大企業の経営者	70.5
通産省の官僚	67.8
中学校の教師	56.6
国会議員	55.7
大企業の中堅社員	53.7
小売店主	38.4
農業主	38.3
工場の工員	29.4

＊「1. 多い」から「5. 少ない」までの5段階で評価させ、それぞれに100、75、50、25、0のスコアを与えて加重平均したもの。

ちは、「教養のある人」の多い職業とそうでない職業を、かなり明確に差別化していることがわかる。その序列は、「新聞記者」と「大企業の経営者」が逆転していること、「国会議員」が平均以下に位置していることなどいくつかの違いはあるものの、職業威信スコアの序列とおおむね対応している。

(2)「教養」「教養のある人」の差別化構造と社会意識

こうした「教養」「教養のある人」イメージと社会意識の間には、体系的な関連がある。このことを示したのが、**図表3・9**である。ここで「差別化構造」と呼ぶのは、「教養」に含まれる知識と含まれない知識、「教養のある人」が多い職業と少ない職業を峻別しようとする認識構造のことで、指標化の方法については図表の注に示した。

図表3･9　「教養」「教養ある人」の差別化構造と社会意識

差別化構造	階層帰属意識 p ＝ 0.045					日本社会のイメージ p ＝ 0.224				政党支持 p ＝ 0.670		
) 教養イメージの差別化構造と社会意識	上	中の上	中の下	下の上	下の下	平等	やや平等	やや不平等	不平等	保守	中道	革新
強い	3.4	40.7	44.1	6.8	5.1	1.7	40.7	35.6	22.0	30.5	54.2	15.3
やや強い	3.2	38.1	48.4	8.4	1.9	3.2	46.2	39.1	11.5	31.2	49.4	19.5
やや弱い	10.5	35.2	43.8	10.5	0.0	0.9	37.4	45.8	15.9	40.2	43.9	15.9
弱い	7.0	28.1	40.4	17.5	7.0	3.5	28.1	45.6	22.8	29.8	54.4	15.8
) 「教養のある人」イメージの差別化構造と社会意識												
差別化構造	階層帰属意識 p ＝ 0.062					日本社会のイメージ p ＝ 0.019				政党支持 p ＝ 0.042		
	上	中の上	中の下	下の上	下の下	平等	やや平等	やや不平等	不平等	保守	中道	革新
強い	4.2	37.5	50.0	6.3	2.1	2.1	45.8	43.8	8.3	48.9	44.7	6.4
やや強い	6.5	40.8	45.0	7.1	0.6	1.8	45.9	41.2	11.2	34.3	49.1	16.6
やや弱い	4.1	31.4	45.5	13.2	5.8	2.4	34.1	43.1	20.3	28.5	51.2	20.3
弱い	10.3	25.6	41.0	20.5	2.6	5.1	25.6	35.9	33.3	28.2	41.0	30.8

「差別化構造」は図表3･7、3･8に示したそれぞれ上位3項目と下位3項目に対する評点の差を個人ごとにとり、これを4段階に区分したもの。pは有意水準。

まず「教養」イメージの差別化構造についてみると、階層帰属意識との間にはっきりした関係が認められる。「教養」に含まれる知識と含まれない知識を明確に区別しようとする学生は、階層帰属意識が高いのである。「教養のある人」イメージの差別化傾向の場合は、さらにはっきりしている。「教養のある人」が多い職業と少ない職業を峻別し、各職業の「教養」の程度は明確に異なるとみなす学生は、階層帰属意識が高いのみならず、現在の日本社会を平等な社会とみなす傾向が強く、政治的には保守的なのである。

以上から、次のことが結論できよう。人々、少なくともここで調査対象とした学生たちの間には、「教養」という概念にもとづいて各種の知識や職業を高度に序列化する傾向は、既存の階層秩序や社会的不平等、政治体制を支持する傾向と結びついている。このことは、文化の階層性の正統化機能に関する先の仮説を傍証するものである。

7 「均質な中間層社会」の神話

一九九〇年代の末から、これまで広く受け入れられてきた「常識」、すなわち「日本は均質な中間層社会である」という見方に対して、多くの疑問が示されるようになった。そもそもこの命題は、これまで一度も実証されたことがない。確かに、カラーテレビ、自家用車といった基本的な耐久消費財の普及率は一〇〇％に限りなく近づいており、その意味では格差はほぼ消失している。しかし、このことをもって階層による文化の違いが消失したというのは、同じような耐久消費財が普及しているので、日本と西欧の間の文化的差異が消失したというのと同様の暴論である。こうした耐久消費財が普及したのは、文化的な均質化が進んだからではなく、これらがさまざまな文化と両立する実質的な使用価値をもっているからにすぎない。

それではなぜ、長い間にわたって、「九割中流論」「新中間大衆論」のような言説が社会学者の間で、また一般の人々の間で受け入れられてきたのか。一つの仮説は、「新中間層イデオロギー伝播仮説」とでも呼ぶべきものである。一九八五年ＳＳＭ調査データを用いた分析によると、管理職やホワイトカラーは、日常生活のなかで階級・階層や地位を重視する一方、日本社会の階層構造を「中間集中型」とイメージする傾向がある。（片瀬・友枝 1990, 高坂・宮野 1990）。つまり日本の新中間階級は、日本社会を「新中間大衆社会」としてイメージし、同時に新中間階級内部の微小な差異を強く意識する。そして、社会学者を含めて新中間階級は、言説の世界の主要な担い手および顧客であるため、そのイデオロギーは社会全体に伝播するのである。

われわれにいま求められているのは、社会学を新中間階級のイデオロギーから解き放つことである。

第Ⅱ部　ジェンダーと家父長制の再生産

第四章　教育と家父長制の再生産

一般に、「ジェンダーと教育」研究と呼ばれている研究領域がある。日本においてこの領域の研究が、一九八〇年代後半から質量ともに急速な発展を遂げてきたことは、疑いえない事実である。にもかかわらず、これらの研究は、当初もっていたインパクトを失いつつあるようだ。なぜ、こうなってしまったのか。私はここに、日本における「ジェンダーと教育」研究が当初からもっていた弱点が露呈していると思う。それは、フェミニズム理論を忌避することによって、研究を導く理論を失ってしまったことである。

1　「ジェンダーと教育」研究の誕生

(1)前史――「女性と教育」研究の時代

日本における「ジェンダーと教育」研究の発展過程をふりかえる場合、その妥当な出発点は、『女性と教育』研究の動向」（神田・亀田・浅見・天野・西村・山村・木村・野口 1985）というレビュー論文であろう。当時、日本の教育研究は、いわゆる第二波フェミニズムの衝撃などとはまったく縁遠い状況にあり、ジェンダーという用語すら十分に普及していなかった。この論文が掲載されたのは日本教育社会学会の学会誌『教育社会学研究』の「女性と教育」と題された特集号で、当時としては「ジェンダー」という問題設定に理解のある執筆者が選ばれていたのだろう。しかし、その特集論文にすら、「本質的に自然や生命と結びついている存在である女子は、男子に比べ……感情的行為が多いと考えられる」（武内 1985）などという信じがたい記述がある。そんな時代であった。

さて、このレビュー論文は、当時までの「女性と教育」研究に二つの流れを区別している。それは、①家族研究、高等教育研究といった個別領域の研究のなかで、対象の一部として女性を研究するもの、②社会的存在としての女性に注目し、これを教育との関連で研究するもの、である。そして①の場合には、男性研究者を含む多様な研究者が、個別テーマに関する研究のなかで一時的に女性を研究対象にしているのに対し、②では、女性研究者が多様な領域に足を踏み入れながら、一貫して女性を研究対象にする場合が多い、という。いうまでもなく、この②が、日本における「ジェンダーと教育」研究の源流である。しかし当時の教育研究者たちの間では、こうした諸研究を一つの流れとして認識するために必要な初歩的概念すら知られていなかった。著者たちは控えめに、②の流れの延長線上に「女性学の必要性が浮かび上がってくる」と述べる。まだ「女性学」というものの存在すら、説明を要する程度にしか知られていなかったのである。

(2)「ジェンダーと教育」研究の成立

こうした日本の現状に転機をもたらしたのは、フェミニズムの影響下で生まれた欧米の諸研究であった。これを典型的に示すのが、森（1985）、亀田・舘（1987）、天野（1988）といった論文である。これらの研究は、ディームの先駆的な研究（Deem 1978）を共通の起点とし、当時「葛藤理論」と呼ばれていた理論のジェンダー版ともいうべきその所説の、それぞれに特殊な受容の仕方を示すものだった。

ここでいう葛藤理論（conflict theory）とは、Karabel & Halsey（1977 = 1980）がいくつかの潮流に属する諸理論をまとめて名付けた用語で、学校教育制度の規模や形態を諸階級・諸階層の葛藤・闘争の結果として説明したり、学校教育制度の主要な機能を階級・階層構造の再生産に求めたりする理論を指す。学校教育はその不平等な機会の構造を通じて、社会的不平等を維持し固定化させている、というのが、その中心的な主張である。

葛藤理論が当初問題としたのは、階級・階層構造、とくに資本主義的な階級構造である。しかし、まもなくその問題設定は拡張され、学校教育制度による民族差別の再生産や、世界システムの再生産などが研究対象とされるようになった。こうした流れのなかで一部の人々は、男性と女性の非対称的な関係の構造に注目をはじめる。学校教育制度は、階級構造のみならずジェンダー関係を、したがって性別による不平等の構造を再生産しているのではないか、というのである。その流れに位置していたのが、ディームらの研究だった。

「教育と女性」研究は、こうしてフェミニズムとの接点を見いだすことになった。従来からあった多様な研究は、性差別構造の再生産過程に関する研究として、ある種の統一したアイデンティティを獲得することになった。日本における「ジェンダーと教育」研究は、こうして成立したのである。この前後の研究動向については、森（1992）が鮮やかなレビューを行なっている。

2　「ジェンダーと教育」研究の性格と問題点

(1) 日本における「ジェンダーと教育」研究の二つの特質

しかし成立の当初から、日本の「ジェンダーと教育」研究には特殊な性格が刻印されることになった。それは、第一にジェンダーという概念のみが選択的に受容されることによって、研究の方向がフェミニズム理論から遠ざかっていったこと、第二に研究テーマが、「性役割の社会化」の問題に集中したことである。

日本の「ジェンダーと教育」研究で、フェミニズム理論の諸概念、たとえば家父長制、家事労働といった諸概念が使用されることはまれである。確かにジェンダーという概念は、フェミニズム理論によって明確な概念規定とその批判的性格を与えられたのだが、それ自体はフェミニズム理論に固有の概念ではない。

ジェンダーという用語を、生物学的な性とは別の心理的・文化的性差を指すものとして明確に定義したのは、ストーラー（Stoller 1968＝1973）だといわれる。しかしストーラー自身は精神分析学者であって、いかなる意味においてもフェミニズム理論家ではない。しかもジェンダーという語を「女／男らしさ」といった意味に用いる用法は、それ以前にもあった。たとえば一九四三年に初演されたクルト・ワイルのミュージカル『ヴィーナスの恋』には、「もしジェンダーがただの文法用語だったら、私はいったいどうやって自分の道を見つけられるでしょう（If gender is just a term in grammer, How I can ever find my way）」という歌詞がある。ジェンダーという用語は、フェミニズム理論抜きでも十分使用できるのである。

そして「ジェンダーと教育」研究を支配したのは、まさにフェミニズム理論抜きの「ジェンダー」概念であった。そのことは、天野（1988）に典型的に示されている。この論文で彼女は、性役割規範の社会化が進行する主要な過程として、学校教育のなかの「かくれたカリキュラム（hidden curriculum）」に注目する。ここで「かくれたカリキュラム」というのは、カリキュラム編成や教科書の記述のように明確な形をもった教育内容ではなく、教師と生徒、生徒と生徒の相互作用を通じて暗黙に伝達される価値や知識のことである。教師は授業や進路指導などを通じて、男は理数系・女は文系、男は論理的・女は感覚的、などといった「社会の支配的な規範体系」を暗黙のうちに伝達している。また生徒集団のなかには、やはりこうした規範体系にそった下位文化が形成されており、これによって生徒の性役割規範が形成される、というのである。

こうした指摘自体は、おそらく間違いではない。しかし天野は、こうした社会化の効果を「性別による進路分化」に集約させる。つまり性役割規範の社会化は、あくまでも教育達成や地位達成を説明する要因であって、家父長制やジェンダー関係を再生産するメカニズムとしては把握されていないのである。もちろん彼女のこうした立論の全体が、いまある社会は性差別社会であり、その克服が必要だとする、フェミニスト的な問題設定に貫かれていることはまちがいない。しかしその問題設定は、フェミニズム理論の概念によってではなく、伝統的な地位達成研究のフレームワークの内部で処理される。仮にフェミニズムとの論理的関係が見いだせるとしても、公的領域での男女平等の主張であるリベラル・フェミニズムと重なるにすぎない(1)。研究のこうした性格は今日に至るまで、日本の「ジェンダーと教育」研究では一般的なものであり続けており、フェミニズム理論との関係を意識的に追求しようとする研究は、木村（1990, 1999）、橋本・室伏（1991）など例外的にみられるにすぎない。

この天野論文は、「ジェンダーと教育」研究のもう一つの特質をも代表している。彼女は、「かくれたカリキュラム」をはじめとする学校内部の非制度的諸過程を「かくされたメカニズム」と呼び、その分析を今後の研究の主要な課題と位置づけた。森（1992）もいうように、「その後の研究はほぼこの方向に沿っているとみてよい」。実際、近年の「ジェンダーと教育」研究における最良の成果の数々はすべて、この方向性の下に生みだされてきた。しかしこれらの研究は、あくまでも「性役割の社会化」過程を解明するという基本方向を共有している。つまり「ジェンダーと教育」研究は、学校内部で進行する性役割の社会化過程を解明する研究領域となったのである。このことは、強調しておく必要がある。というのは、「性役割の社会化」は、地位達成の性差を生みだす唯一のメカニズムではないし、ましてや家父長制やジェンダー関係を再生産する唯一のメカニズムではないからである。

少なくとも日本の場合、男性と女性の地位達成の違いを生みだす主要な原因は、両者の学校内部での社会化の違いというよりは、差別的な採用慣行・雇用慣行にある。多くの女性たちは、男性と同じように働くことを望みながら、挫折を余儀なくされているのだ。家族の家父長制的構造を維持するメカニズムについていえば、家産を男性世帯主が所有していること、専業主婦の夫を優遇する税制や社会政策、男性の家事分担を不可能にする長時間労働などが重要であって、学校教育の役割はかなり限定されよう。

学校教育に限ってみても、その効果は性役割の社会化に限られるわけではない。たとえばスミス（Smith 1987）は、エスノグラフィックな調査研究を通じて、学校が「成績」という基準を通じて子どものみならず親、とくに母親に対する統制力を発揮していることを明らかにした。学校は母親に「熱心な親」であることを要求することによって、母親として果たすべき役割を指定するのである。こうして母親の職業達成はさまたげられ、家族の家父長制的構造が維持されることになる。

さらにいえば性役割の社会化は、学校教育制度の内部だけで起こっているわけではない。家族や地域社会、マスコミ等を通じての性役割の社会化全体のなかで、学校教育がとくに重要であると主張する、自明な根拠はない。仮に「ジェンダーと教育」研究が学校内部における性役割の社会化を主要な研究対象とするとしても、地位達成を規定する諸要因の全体や、家父長制やジェンダー関係の再生産過程全体、さらには学校教育以外をも含めた性役割の社会化過程全体のなかに、これを正確に位置づける必要がある。でなければ「ジェンダーと教育」研究は、ジェンダー研究全体における位置づけを失うし、その独自の意義も主張できないだろう。

(2)理論の忌避とその結果

フェミニズム理論から自由な日本の「ジェンダーと教育」研究は、フェミニスト以外の人々の広範な参入を許す研究領域となった。そのことは、研究の量的な発展を可能にしたという点では歓迎すべきなのかもしれない。しかし反面、「ジェンダーと教育」研究は論文の書きやすい、業績稼ぎにもってこいの研究領域になった。その外延は無制限に広がり、周縁部は他の研究分野とほとんど不分明になっている。何しろ、従来からあった研究スタイルに「ジェンダー」という一変数を挿入するだけで、「新しい」論文が書けるのだ。これに対して、本来は「ジェンダーと教育」研究の中核としてそのアイデンティティを担うべきフェミニストたちの研究は、拡大する外延のなかでその存在感を失いつつあるように思える。その最大の原因は、フェミニズム理論との関連をあいまいにし続けてきたことだろう。実証研究において理論が果たす役割は、検証すべき命題を産出するとともに、発見された事実の意義を特定するところにある。ところが理論をもたない「ジェンダーと教育」研究は、「学校の内部で性役割の社会化が進行している」という以上の命題を産出できず、また、そのことのもつ意義も特定できなくなっているのだ。

こうした現状に一石を投じたのが、若い二人の研究者によるレビュー論文、中西・堀（1997）であった。二人は「最近のジェンダー研究は停滞している」という事実を認めた上で、過去の研究を反省し、新しい方向性を見いだそうと苦闘する。とくに、堀の舌鋒は鋭い。彼は天野（1988）を取りあげて、その意義を認めつつも、その枠組みは「教育達成の性差こそが、解消すべき一義的な『問題』だとみなすものであり、「認識対象のセクシズムを矮小化」して、「〈女の経験・声〉を周縁化する『平等主義』の男性中心主義的な言説」だと断ずるのである。こうした批判のあと、二人は共通に、ポスト構造主義フェミニズム的アプローチによる実証研究に期待を寄せているようである。

しかし、ちょっと待ってくれといいたくなる。従来の研究を支配してきたのは、徹底した理論忌避だった。そもそも日本の「ジェンダーと教育」研究は、構造主義はおろか、ラディカル・フェミニズムすら消化していないのだ。ポスト構造主義の意義は、構造主義を継承しつつも、構造なるものの自明性を疑うことによって、これを批判的に克服するところにある。構造主義を経由しないポスト構造主義などありえないはずだ。

では、どうすればいいのか。私はここで、マルクス主義フェミニズムの家父長制概念から出発し、その再生産条件と歴史的変化のなかに、「ジェンダーと教育」研究の領域と対象を特定化するという方法を提案したいと思う。

3　家父長制とその再生産過程

(1) 家父長制の概念

家父長制（patriarchy）は、現代フェミニズム理論の戦略的概念である。この概念ははじめ、ラディカル・フェミニズムの立場に立つ論者たちによって「男性の女性に対する支配のシステム」一般を指すものとして使われたが、のちにマルクス主義フェミニズムの立場に立つ論者たちが、ここに「物質的基盤」というマルクス主義らしい規定を追加し、より洗練された社会科学的概念に練り上げていった。すなわち家父長制とは、家産の所有や労働力の支配といった物質的基盤の上に成立する、男性の女性に対する支配のシステムなのである。

ただし家父長制という概念は、第一に前近代家族の特定の形態を意味する用語としての「家父長制」と混同されやすいし、第二に家族以外の領域における男性支配を意味する用語としては違和感が残る。こうした批判はかなり以前からあり、このため森田（1997）は、家父長制に代えて「ジェンダー・ヒエラルキー」という用語を使うことを提案している。しかしここでは、こうした問題が残ることは承知の上で、家父長制という概念を採用したい。それは、物質的基盤をもつ構造を指す用語としては家父長制のほうがふさわしいし、また企業組織の歴史的な形成過程を考えれば、家族の外部の企業組織に家父長制という概念を適用することにも積極的意義を見いだすことができるからである。

たとえば、生産様式という概念を考えてみよう。生産様式とは、諸主体と生産手段の歴史的に特有な結合形態のことである。そしてこの物質的基盤の上に、支配―従属関係を含んだ階級構造が成立する。こう考えると、仮にジェンダー・ヒエラルキーという概念を採用するとしても、それは階級構造に対応する概念として定義するのが適切だろう。それでは、生産様式に対応する構造、つまりジェンダー・ヒエラルキーを成立させる物質的基盤は何か。われわれはこれを、家父長制と呼ぶことができる。

家父長制は、生産領域と再生産領域に共通する構造である。たとえば単純商品生産を営む自営業世帯の場合、生産と再生産はともに家族で行なわれるが、両者はいずれも家産の所有と労働力の支配によって成立する家父長制的構造の下で進行する。ここで家産の所有と労働力の支配という二つの要素が、家父長制の基本構造として並列されていることに違和感が残るかもしれない。しかしローマー（Roemer 1982）が理論化したように、生産手段と他者の労働力は、ともに搾取の基盤となる所有＝支配対象にほかならず、両者を並列させることに理論的な問題はない。

他方、森建資（1988）は、英国における雇用関係の歴史的成立過程の研究から、近代資本主義の雇用関係の中軸である雇主の指揮命令権が、男性家長の妻と子どもの労働に対する支配権から発達してきたことを明らかにした。これを受けて大沢（1992）は、企業の労働者支配は本来的に「家父長制」だったのではないか、と指摘する。だとすれば、企業の男性支配的構造を「家父長制」と呼ぶのは、歴史的にみても正しいことになる。

(2) 女性の社会進出と家父長制の変容

よく論じられるように、近代資本主義の成立により、家族は生産機能を失って再生産の場として純化し、生産は家族の外部の企業で行なわれるようになった。こうして生産と再生産が空間的に分離したことから、生産の担い手と再生産の担い手の分離が促進され、「男は仕事・女は家庭」という近代的性役割分業が成立する。こうして、外に職業をもち収入を得る夫、家事・育児をもっぱら担当する妻、未婚の子どもからなる「近代家族」が誕生することになった。

しかし近代家族は、のちに変容をはじめる。女性が外に職業を得る傾向が強まったからである。こうして家父長制は、一つの転機を迎えることになった。ウォルビー（Walby 1990）は、こうした変化を「私的家父長制から公的家父長制への移行」と定式化する。彼女によると、私的家父長制とは、家長が私的領域において女性を直接かつ個人的に支配するものであり、ここでは夫または父親が、直接の抑圧者かつ受益者となる。これに対して公的家父長制は、家族以外の構造に基盤をもつもので、女性が私的領域のみならず公的領域にも進出することを前提としている。ここでは私的領域の重要性は薄れ、女性の領有（expropriation）は主に公的領域で、集合的に行なわれるようになる、というのである。

(3) 家父長制の再生産条件

それでは、家父長制が再生産されるためには、何が必要だろうか。少なくとも必要なのは、第一に家父長制を構成する諸主体、すなわち家父長制的諸関係の担い手である人間男女が再生産されること、第二に男女の間の支配関係が再生産されることである。この両者は、混同されてはならない。

先に指摘したように、家族の家父長制的構造は、単に性役割を内面化した諸主体が再生産されることによってのみ再生産されるのではない。専業主婦の夫を優遇する税制や社会政策、男性の家事分担を不可能にする長時間労働、母親に過大な役割を要求する学校教育など、主体の再生産以外の諸過程が、男女の間の支配関係の再生産に関与しているのである。この点を見落とすと、性役割の社会化が家父長制の再生産過程全体に占める位置を過大評価することになる。

さて、それでは、以上のような家父長制の再生産過程に、学校教育制度はどのように関与しているだろうか。

4　家父長制の再生産過程における学校教育制度

(1)学校教育の構造的位置

先述のように近代資本主義は、再生産の場である家族と生産の場である企業を分離した。こうして、私的領域において再生産を担う家族と、公的領域において生産を担う企業が、経済的な交換関係によって結びつくという、近代資本主義社会の基本構造が成立する。

しかし、こうして機能的に分離された家族と企業は、互いに異質な社会諸関係から構成されるようになる。家族が成員間の情緒的関係を発達させた友愛家族となるのに対し、企業は厳格な秩序とリズムを備えた近代的組織となる。企業が、家族と同様に家父長制的諸関係に貫かれているとしても、それはあくまで男性一般の女性一般に対する集合的支配であり、父親と妻・娘の間にみられるような個別的支配ではない。

家族が生産組織であるとともに再生産の場でもある場合、家族による子どもの養育や社会化は、そのまま家業の担い手の再生産でありえたし、また家父長制家族を担う主体の再生産でもありえた。しかし生産から分離された家族は、企業に適した労働の担い手を自動的に再生産するものとはいえないし、公的家父長制の担い手を自動的に再生産するものでもない。したがって生産と再生産を分離した資本主義社会は、家族の外部に、企業に適した労働と公的家父長制の担い手を再生産するメカニズムを必要とするようになる。

ここにわれわれは、学校教育制度の独自の構造的位置を見いだすことができる。つまり学校教育制度は、私的領域である家族と公的領域である企業を媒介するメカニズムなのである。学校教育制度を通じて子どもたちは、家族の成員であると同時に、将来の労働力として社会的に明確な位置を与えられる。こうして私的領域としての家族と公的領域としての企業は構造的に接合されるのである。

(2) 学校教育制度の機能

私的領域と公的領域を媒介するという構造的位置は、学校教育制度に独自の機能を要求することになる。それは、第一に私的領域で再生産された諸主体を、公的領域の適切な担い手へと変換すること、第二に公的領域のさまざまな要求を、私的領域へ媒介することである。

■学校教育制度の機能Ⅰ　諸主体の変換

一般的な意味での「性役割の社会化」は、学校制度に独自の機能ではない。それは家族や地域社会、マスコミなどにも共通の機能である。学校教育制度の独自の機能は、学校外における性役割の社会化を基礎としながら、子どもたちを公的家父長制の担い手へと変換させることにある。再生産の場であるという意味では家族と共通でありながら、その組織原理は企業に近いという学校の特質が、こうした機能を可能にする。

学校のこうした機能は、従来の諸研究にも明確に示されている。森（1989, 1995）、宮崎（1991）は、エスノグラフィックな調査を通じて、学校の教員が、子どもたちがあらかじめ習得している（あるいは、習得していると思われる）男／

女という「自然な」カテゴリーや性役割に関するステレオタイプを利用して、子どもたちを秩序ある集団行動や効率的な教育活動へと動員していることを明らかにした。彼らが着目した、男子と女子を別々に整列させたり、男子と女子を別々に行動させるといった指導のあり方は、男／女という集合的カテゴリーを成立させることによって、公的家父長制に基礎を与えるものである。

また木村（1999）は、小学校での参与観察の結果から、教室のなかでは結束力のある男子集団が常に支配的な位置を占め、女子は主役の座を譲り渡して「見えにくい」存在になっていくことを明らかにした。各家庭では「息子」である彼らが、学校では「男子集団」として支配を確立する。そして女子は、一つのカテゴリーとして彼らに服従する。これはまさに、公的家父長制の原型にほかならない。

よりマクロにみれば、日本の学校体系と教育達成の格差構造は、巨大な一つの変換メカニズムとみることができる。女子高・短大・女子大・教養系学部といった女性専用軌道の存在と、これを前提とした教師の進路指導や親・本人の進路選択は、全体として女性の教育達成を引き下げ、あるいは女性を高等教育の非実用的セクターに追い込む。しかし学歴の差は、能力の客観的指標とみなされており、公的領域での処遇を大きく左右する。こうして、男／女という自然的カテゴリーは、資格・能力の差という公的領域の基本的なカテゴリー、いわば「第二の自然」へと変換され、公的家父長制に強力な根拠を提供するのだ。このことは教育が、男女間の支配関係を含み込んだ社会全体の階級構造、すなわち「ジェンダー化された階級構造」（第六章参照）と密接な関係にあることをも意味する。

■学校教育制度の機能II　家族における家父長制の維持と強化

学校が母親に多くの負担を強いているというスミス（Smith 1987）の指摘は、現代日本にもあてはまる。いや、むしろ日本のほうが典型的だろう。

学校教育は、毎日定刻に、決められた服装・身だしなみ・持ち物を整えた子どもたちが来ることを前提としており、これによって家事労働の量とリズムが決定される。とりわけ子どもが都心部の私立幼稚園・小学校に通学する場合は、しばしば学校への送り迎えが必要となり、母親はほぼフルタイムで子どもの世話に従事しなければならなくなる。

学校における子どもたちの負担が重ければ重いほど、母親の負担も重くなる。学校が生徒に規律ある行動や家庭での勉強を要求する程度に応じて、子どもの監督者としての母親の負担は増大する。子どもが受験のために塾へ通う場合には、さらに家事時間が延長される。

これらはまさに、夫の長時間労働が専業主婦たる妻の存在を前提するのとまったく同じ構造である。公的領域たる企業の要求が、夫の長時間労働を通じて、妻を専業主婦におしとどめ、あるいは就業する場合でもパートとなることを余儀なくさせる。能力主義的な労務管理が、こうした傾向を強化する。同じように、公的存在としての子どもを組織する学校の要求が、母親の役割を指定する。学校体系を貫く能力主義原理が、こうした傾向を強化する。こうして学校は、家族における家父長制を維持・強化するのである。

5　結　論

以上に私が行なったのは、「ジェンダーと教育」研究を、家父長制の再生産過程を独自の対象とする研究領域として再定義するための諸概念を準備するとともに、ここから導かれる、したがって実証的に検討されるべき主要な諸命題を提示する作業であった。このアプローチが、従来の研究に対してもつ利点を列挙しておこう。

第一に、従来の研究が主要な対象としてきた「学校内での性役割の社会化」過程の、学校外部で進行する社会化過程に対する独自性を明らかにすることにより、その理論的位置を明確にすることができる。こうして「ジェンダーと教育」研究は、ジェンダー研究全体のなかに、その固有の課題を確保することができる。

第二に、ウォルビーの示した「私的家父長制から公的家父長制へ」という趨勢命題を組み込むことにより、こうした学校教育の機能の歴史的変化を射程に入れることができる。われわれはこうして、いつの時代にも、どの国でも、同じように性役割の社会化が起こってきたかのように想定しがちな従来の研究と、一線を画することができる。

第三に、学校制度が社会化以外のメカニズムによって家父長制の再生産に関与する諸過程を射程に入れることができる。これによって「ジェンダーと教育」研究は、労働市場や雇用関係、社会全体の階級構造、家族の役割構造に関する諸研究などと、直接に相互関係を確保し、これらに対して独自の貢献を果たすことができる。

「ジェンダーと教育」研究の射程は広く、その意義も明らかである。さらに多くの研究が求められている。

第五章　スクール・セクシュアル・ハラスメントとは何か

1「スクール・セクシュアル・ハラスメント」の概念

スクール・セクシュアル・ハラスメントとは何か。これは、考えてみるとけっこう難しい。セクシュアル・ハラスメントは最初、労働現場で起きる問題に関する概念だった。このことは、世界に先駆けてセクシュアル・ハラスメントを性差別と規定し、日本の労働行政にも大きく影響した、米国ＥＥＯＣ（雇用平等委員会）の次の規定に明確に示されている。

不快な性的接近、性的行為の要求、ならびに性的性質をもつ口頭もしくは身体上の行為は、以下のような場合、セクシュアル・ハラスメントを構成する。①かかる行為への服従が、明示もしくは黙示に、個人の雇用条件を形成する場合、②かかる行為への服従もしくは拒絶が、その個人に影響する雇用上の決定の理由として用いられる場合、または、③かかる行為が、個人の職務遂行を不当に阻害し、または、脅迫、敵意もしくは不快な労働環境を創出する目的もしくは効果を持つ場合。（訳文は福島・金子・中下・池田・鈴木 1998 による）

この規定の①②は、何らかの対価と引き替えに性的要求に応じることを求めるもので、「対価型（または代償型）セクシュアル・ハラスメント」と呼ばれる。③は、対価を求めるわけではないが労働環境を悪化させるもので、「環境型セクシュアル・ハラスメント」と呼ばれる。これらは一般にセクシュアル・ハラスメントの二大類型だとされているが、いずれにしても労働現場を想定した規定である。この規定にとどまる限り、セクシュアル・ハラスメントの概念は教職員どうしの問題には適用できても、教職員の生徒や母親に対する性的言動など、それ以外の問題にまで広げることはできない。

しかし、教職員とくに教員と、児童・生徒・学生（以下、簡略化のために生徒と表記する）の関係には、労働現場における上司―部下関係と類似する側面が多い。少なくとも現状では、教員は生徒を指揮・監督しているといえるし、生徒に対する評価権をもっている。上司が査定を通じて部下の賃金や雇用上の地位を左右しうるように、教員は生徒の成績を決定し、場合によっては留年・退学などに追い込むこともできる。こうしたことが、労働現場と基本的には同じ構図のセクシュアル・ハラスメントを、教育の場面に引き起こすのである。ここから、一般的なセクシュアル・ハラスメントの規定をほぼそのまま対生徒関係に置き換えた――「不利益」の内容がいささか表層的だとはいえ――次のような定義も可能になってくる。

> 教職員による児童・生徒に対するセクシュアル・ハラスメントとは、教職員が児童・生徒を不快にさせる「性的な言動」を行なうことにより、学業を遂行する上で、学習意欲の低下や喪失を招くなど、その児童・生徒に不利益を与えたり、またはそれを繰り返すことによって就学環境を著しく悪化させることである。（大阪府教委「教職員による児童・生徒に対するセクシュアル・ハラスメント防止のために」より）

教育現場でのスクール・セクシュアル・ハラスメント対策の目的ならば、現実問題としてはこうしたタイプの定義でいいのかもしれない。より適切には、「不利益」を「学習意欲」などに帰着させるのではなく、生徒のセクシュアリティの支配・搾取としてのその性格を明示する必要があろうが、「労働」を「就学」や「学習」に置き換えたこの定義は、ひとまずスクール・セクシュアル・ハラスメントをうまく表現しているようにみえる。

2　セクシュアル・ハラスメントの本質

しかし、問題も残る。セクシュアル・ハラスメントは、労働現場・教育現場以外にも、さまざまな場面で起こりうる。警察官と被疑者の間、司法職員と被告の間、医師と患者の間、福祉施設職員と利用者の間など、公的な性格をもつ組織や制度の多くで、セクシュアル・ハラスメントは常に起こる可能性がある。これらのセクシュアル・ハラスメントは、どのように定義されるのか。「労働」を「就学」「学習」に置き換えたように、無数のコトバの置き換えを続けるしかないのか。

こういう問題が生じるのは、そもそもセクシュアル・ハラスメントに対するイメージや概念が、最初に問題化した労働現場のイメージに引きずられたことから、領域を超えたその本質がみえにくくなっているからである。では、その本質とは何か。それはおそらく、「公的領域における望まれざる性的言動」であろう。社会諸関係の生じる諸領域は、私的領域、公的領域、私的でも公的でもない匿名性の領域の三つに分けられる。このうち、公的領域で生じることが、セクシュアル・ハラスメントの独自性なのである。

夫が妻に対して、妻の望まない性行為を強要することをセクシュアル・ハラスメントとはいわない。それは私的領域における性的虐待である。レイプに対する一般的で歪められたイメージのように、暗い夜道で見知らぬ相手に暴力的かつ一方的な性行為を仕掛けることを、セクシュアル・ハラスメントとはいわない。それは匿名性の領域における性犯罪である。これに対して、公的な性格をもつ組織や制度の内部で、あるいはこれと関連して性行為を強要することは、セクシュアル・ハラスメントである。

したがって、教員が生徒の母親にわいせつ行為をはたらいたり、生徒の成績評価や進学先への推薦などと引き替えに性的関係を求めることも、やはりセクシュアル・ハラスメントである。逆に親が、他の親たちへの影響力を背景に教員に性的関係を強要したとすれば、これもセクシュアル・ハラスメントである。以前私の行なった調査で、新任の女性教員は地域の夏祭りで、ショートパンツをはいてやぐらに上がることになっている、という実例があったが、これもセクシュアル・ハラスメントである。生徒が他の生徒の体に触ったり、身体的特徴についてからかうのも、セクシュアル・ハラスメントである。セクシュアル・ハラスメントの本質は、公的領域で起こるところにある。したがってセクシュアル・ハラスメントであるかどうかは、ハラッサー（ハラスメントをする人）の地位や公的権限の有無に依存しないのである。

3　公的権利の侵害としてのセクシュアル・ハラスメント

セクシュアル・ハラスメントは、性的自己決定権の侵害であり、あるいは性役割の強要である。しかし同時に、公的領域で起こるというその性格から、公的権利の侵害という顕著な性格を帯びることになる。

労働現場でのセクシュアル・ハラスメントは、労働権の侵害である。生徒に対するセクシュアル・ハラスメントは、学習権の侵害である。医師の患者に対するセクシュアル・ハラスメントは、医療を受ける権利の侵害である。このようにセクシュアル・ハラスメントは一般に、公的権利の侵害をもたらす。ここにセクシュアル・ハラスメントの、他の性的虐待や性犯罪との違いがある。

このため、労働現場の場合であれば、セクシュアル・ハラスメントに対しては名誉毀損・脅迫・強制わいせつ・暴行・強姦といった刑事責任とともに、労働契約上の責任が問われることになる。したがって、単にヌードポスターを貼ったり、固定的な性役割にもとづく発言を繰り返した場合のように、刑事上の責任が問われない場合でも、民事上の責任を追及することができる。法理や判例にはまだ確立していない部分もあるが、原則としてはそうである。

同じように、男性教員が女子生徒の体に触れることは、女子生徒の性的自己決定権の侵害であり、強制わいせつ行為であり、セクシュアリティの収奪である。しかし同時にそれは、学習環境の破壊であり、学習権の侵害である。ここに教育行政や学校全体が、セクシュアル・ハラスメントに対して責任を負わなければならない基本的な理由がある。

4　教育制度の構造的セクシュアル・ハラスメント

ここで話を少し飛躍させたい。

第四章でみたように、これまで学校教育は、女性差別の構造、すなわち家父長制を維持し再生産する装置として機能してきた。教科書や授業内容のジェンダー・バイアス、生徒に対して暗黙のうちに押しつけられる性役割、男子には軍服様のスーツ、女子にはスカートの着用を強制する制服の指定、管理職は男／一般教員は女というジェンダー・

ヒエラルキー、商業科は女／工業科は男といったステレオタイプの存在。これらが全体として、生徒に性役割を習得させ、家族や企業組織の女性差別的構造＝家父長制的構造を再生産する効果を生みだすのである。

しかし「男のくせに」「女だてらに」などといった固定的な性役割観にもとづく発言や、女性にお茶くみをさせるといった性役割の押しつけは、セクシュアル・ハラスメントだとみなすのが最近の流れである。セクシュアル・ハラスメント防止に関する人事院規則も、文部省の通知も、こうした立場に立っている(1)。だとすれば、教科書や授業内容のジェンダー・バイアスに無自覚なまま、生徒に性役割を習得させる学校は、一つのセクシュアル・ハラスメント装置だということになろう。

問題はさらに広がる。多くの学校は、生徒たちが毎日定刻に、決められた服装・身だしなみ・持ち物を整えて学校に来ることを前提している。そして生徒たちが家庭で十分に学習してくること、何かの制作物を作ってもってくることなどを要求している。しかしこれらは、いかにして可能になるのか。

それは、生徒たちの面倒をみ、生徒の手助けをし、あるいは生徒が怠けないように監視する母親の存在である。学校は母親に、「教育熱心な親」であることを要求する。学校が生徒に多くの負担や規律ある行動を要求する程度に応じて、生徒の監督者としての母親の負担は増大する。受験競争の存在が、ますますこうした負担を増大させる。こうしてしばしば、母親の就業は困難になる。「お宅は共稼ぎだから……」「しっかりしたお母さんなら……」。こんな教員の言い方に傷ついた母親が、どれだけいたことか。つまり学校は、母親を学校の目的に対する奉仕者とみなし、母親の果たすべき役割を指定する。こうして生徒のみならず母親にも、性役割を押しつける。これほど巨大なセクシュアル・ハラスメント装置があるだろうか。

いまある学校は、セクシュアル・ハラスメントを本質的に構造化している。この認識から出発して、教育制度改革・

学校改革を構想していくことが求められる。

第六章　ジェンダーと階級構造
――セクシズムの克服と理論的統合を目指して

1　問題の所在

一九七〇年代以降、マルクス主義階級論は従来のイデオロギー的・政治的偏向を払拭するとともに、理論的・方法的革新を成し遂げ、多くの成果をあげてきたが(1)、まもなく新たな批判にさらされるようになった。それは、フェミニストからの批判である。

もっともこれらの批判は、マルクス主義階級論のみに向けられたものではなく、ネオ・ウェーバー主義的な階級研究や社会学的な階層研究をも含めた階級・階層研究一般に向けられたものである。しかしマルクス主義階級論は、フェミニズムと理論的に多くの共通部分をもつだけに、とくに強いインパクトを受けざるをえなかった。こうしてマルクス主義階級論は、男性中心主義的バイアスを克服するとともに、その理論と方法にジェンダーという要素をいかにして組み込むかという課題に直面することになったのである。

しかしながらこの問題は、当初考えられていたよりもはるかに大きな広がりをもつものだった。なぜなら階級とジェンダーの関係を理論化するという作業は、生産様式と家父長制の関係を理論化するという、マルクス主義フェミニズムの基本課題の別表現にほかならないからである。またさらに、階級研究はマルクス主義理論を実証研究に結びつけるものなのだから、階級とジェンダーの関係を理論化することは、マルクス主義フェミニズムを実証研究に結びつけるという野心的な試みを導かざるをえないからである。

2　階級・階層研究の男性中心主義的傾向

従来の階級・階層研究が男性中心主義的だったという場合、そこには少なくとも二つの意味がある。それは、第一に女性が研究対象から除外されてきた、もしくは限定的にしか扱われてこなかったということ、第二に研究の際に明示的もしくは暗黙に前提とされた階級・階層理論そのものが女性を無視する構造をもっていたということである。

(1) 研究対象からの除外

女性が研究対象から除外されてきたことを典型的に示すのは、一九五五、六五、七五年のＳＳＭ調査である。これらの調査では最初から調査対象が男性に限定されており、性別に関する設問すら存在しない。一九八五年のＳＳＭ調査では女性を対象とした調査も実施されたが、その質問紙には「現在、あなたが働いている理由は何ですか」などという、男性用の調査票にはない設問が設けられていて、明らかなジェンダー・バイアスが認められる。男性と女性が同一のサンプリングと質問紙で調査されるようになったのは一九九五年調査が初めてである(2)。このため戦前から戦後にかけて生きた世代の女性については、ほとんど何のデータも得られない。これからも、永久に得られることはあるまい。このことが今日、女性の所属階級・階層や職業経歴の歴史的変化を研究する際の深刻な制約になっている。

実に残念なことである。

こうした事情は、世界各国とも基本的に変わりがない。米国で地位達成研究が飛躍的に発展した一九六〇年代後半、データ面で研究を支えたOCG（Occupational Changes in a Generation）調査は男性のみを本来の対象としており、質問紙の冒頭には「ディア・ミスター（Dear Mr.）」と記されていた。したがってブラウとダンカン（Blau & Duncan 1967）をはじめとするこの時期の代表的研究はほぼすべて、男性のみを対象とするものである。さらにさかのぼってリプセットとベンディックスの研究（Lipset & Bendix 1959 = 1969）をみると、社会移動の国際比較に関するデータはすべて男性についてのもの、また米国内の社会移動の分析に用いられたデータは、調査対象が「世帯主」に限定されていたためにサンプルの約八五％までが男性で、しかも実際の分析では「女性と三〇歳以下の男性」が除外されている。ヨーロッパ諸国でも事情は同じで、一九七〇年代以降の調査でも女性が対象となっているのは半数程度にすぎない（Erikson & Goldthorpe 1993）。

このように女性が調査研究の対象から除外された背景に、女性は社会にとって重要な存在ではないという、差別的な認識があったことは事実だろう。また有職者のサンプルを効率的に集めるという、技術的な問題もあったかもしれない。問題がそれだけならば、研究者が認識を改めて調査研究の対象に女性を含めるよう努力しさえすれば済む。だが、事情はそれほど単純ではない。というのはこうした女性の無視の背景には、より深刻な方法的・理論的問題があったからである。

(2)方法的・理論的問題

こうした階層研究の伝統に対して初めて根底的な批判を行なったのは、アッカー（Acker 1973）である。彼女によると、これまでの階級・階層研究には、①階層システムの単位は家族であり、その所属階層は男性世帯主の地位によって決定される、②男性と女性の間には不平等があるが、これは階層システムとは関係がない、という暗黙の仮定があった。このため女性が研究対象から除外されることになったのだが、実はこの二つの仮定は、いずれも、事実に反するか、あるいは理論的に困難をもたらすものである。

現実には多くの人々が単独世帯で生活しているし、複数の成員からなる家族の場合でも、男性世帯主がいなかったり、いても無職者・退職者であるケースは多い。したがって①のような仮定は成り立たないし、またこのように仮定してしまうと、独身女性の地位は自分の職業によって決定されるのに、結婚翌日からは自分の職業が無意味になるという、非現実的な想定をしなければならなくなる。他方、貧困線以下にいる家庭の四〇%までが女性を世帯主とする家庭であるが、この事実は性別が階層分化と密接な関係にあることを示している。②の仮定に反して、階層と性別の間には構造的な関係が存在するのである。

彼女の批判は、明らかに伝統的な階級研究の欠陥を核心部分で突いていた。

第一の仮定が意味するのは、従来の階級研究が、男性によって統率される家父長制家族を所与の前提とし、これを分析の単位としてきた、ということである。その結果、女性は分析の単位内部の従属的な要素として無視されることになった。第二の仮定が意味するのは、階級構造を決定するのは個人の属性と無関係な客観的構造であり、ジェンダーその他の要因は副次的なものにすぎないということである。こうして男性と女性の間の不平等は、階級研究の対象ではないとして放置されることになった。つまり問題にされているのは、理論と方法の核心部分における男性中心主義的・階級一元主義的性格なのである。

3　男性中心主義の結果

しかもさらに深刻なことに、こうした男性中心主義的な研究方法が自明のものとされてきた結果、多くの研究領域で、女性を分析に含めれば得られるはずのなかった結論が一般化されたり、完全に誤った結論が流布されてきた。ここでは、(1)階級構成研究、(2)社会移動研究、(3)農民層分解研究、(4)学歴と社会階層の歴史社会学的研究、の四つを取りあげよう。

(1)階級構成研究――「新中間層の拡大」は本当か

マルクス経済学が強い勢力を保ってきた戦後日本の社会科学で、階級はなぜか研究対象とされることの少ない領域であった。そのなかで、一定数の研究者を引きつけてきた数少ないテーマの一つが、大橋（1971）に代表される階級構成研究である。これは国勢調査等の官庁統計をもとに各階級の量的規模を推計しようとするもので、一九五〇年代から最近まで、数多くの研究が重ねられてきた。ところが、こうした研究がはじまった初期の段階から、大衆社会論の影響下で専門職・事務職層に注目して階級構成表を読みかえ、新中間層が拡大しているとする見解が出現し、一九六四年には高校教科書にまで導入されて強い影響力をもつようになった。これが、今日まで広く流布されている新中間層肥大化論の原型である。これに対して大橋らは、当初使用していた「新中間層」というカテゴリーを破棄し、労働者階級内部の「いわゆるサラリーマン層」へと組み替え、労働者階級としての同質性を強調するようになった（大橋 1964,1968）(3)。

新中間層をめぐる両者の見解にともに欠けていたのは、ジェンダーの視点である。多くの場合、階級構成表では男性と女性が合算されており、男女別の分析が行なわれるようになるのは一九八〇年代に入ってからである(4)。この欠落の影響はきわめて大きかった。というのは、新中間層の問題を考える際には女性事務職の扱いが最大のポイントになるからである。ベルンシュタイン（Bernstein 1899＝1960）以来、階級研究において最も多くの論争を呼んできたのは労働者階級の範囲をどう考えるかという問題であり、労働者階級と新中間層（または新中間階級）を区別するか否か、区別する場合にはその境界をどこに引くかという問題であった。ところが女性事務職のほとんどは単純な事務作業に従事する下層事務職であり、この境界線上に位置している。明らかに、「女性は階級構造のなかの最も論争を呼ぶ領域を占めている」（West 1978＝1984:221）のである。したがって、男女を合算した上で事務職を自動的に新中間層に含めると、新中間層の規模を過大に評価することになる。

いま仮に、被雇用の専門・管理・事務職従事者を新中間層とみなすことにしよう。**図表6・1**は、その量的規模の推移を男女別にみたものである。新中間層の規模はこの五〇年間、一貫して拡大しており、就業人口に占める比率は一九五〇年の一三・七％から、二〇〇〇年には三〇・四％にまで達した。ところが「新中間層」に占める女性の比率も一貫して増加しており、二〇〇〇年には過半数の五二・六％を占めるようになった。とくに事務職では、女性が一一二八万人中六七一

図表6·1　「新中間層」の規模

		1950	1960	1970	1980	1990	2000
専門技術職	女性	40.8	65.0	107.6	184.9	260.5	333.7
	男性	93.0	113.6	174.9	209.0	360.2	392.7
	合計	133.8	178.6	282.5	393.9	620.7	726.4
管理職	女性	0.7	0.4	1.0	1.8	2.0	2.4
	男性	53.1	34.5	89.5	108.3	88.5	56.1
	合計	53.8	34.9	90.5	110.1	90.5	58.5
事務職	女性	88.2	161.0	329.8	429.8	628.8	670.6
	男性	211.3	277.3	354.5	401.0	463.5	457.8
	合計	299.5	438.3	684.3	830.8	1092.3	1128.4
合　計	女性	129.7	226.4	438.4	616.5	891.3	1006.7
	男性	357.4	425.4	618.9	718.3	912.2	906.6
	合計	487.1	651.8	1057.3	1334.8	1803.5	1913.3

＊単位万人。「国勢調査」各年度より算出。

とするものであり、男性中心主義的な欠陥を免れていない。

ここで男女間比較が可能な一九八五年と一九九五年の二回のＳＳＭ調査データを用いて、基本的な事実を確認してみよう。**図表６・２**は、男女別に移動指標の変化をみたものである。階級カテゴリーには、資本家階級・新中間階級・労働者階級・旧中間階級の階級四分類を使用した。この階級カテゴリーでは、図表６・１での検討をふまえ、男性事務職は新中間階級、女性事務職は労働者階級に含めている[5]。女性の世代間移動については、所属階級の基準として本人の所属階級（本人基準）を用いた場合と夫の所属階級（夫基準）を用いた場合の二つを示しておいた。移動指標は、一般に使用されることが多い三種類を示した。オッズ比は、ある階級Ａの出身者とそれ以外の階級の出身者で、階級Ａへの「なりやすさ」がどれだけ違うかを、各階級ごとに比率で示したもので、「なりやすさ」が等しい場合には一・〇、格差が大きいほど、つまりその階級が閉鎖的なほど、大きい値をとる。開放性係数と純粋移動率は、階級構造が全体として閉鎖的か開放的かを示すもので、階級構造が開放的になるほ

図表6・2　世代間移動の趨勢（35–44歳）

		1985年	1995年
女性・父親と本人の比較	オッズ比		
	資本家階級	4.067	2.648
	新中間階級	2.368	1.732
	労働者階級	2.600	1.706
	旧中間階級	1.923	1.373
	開放性係数	0.727	0.859
	純粋移動率	0.214	0.326
女性・父親と夫の比較	オッズ比		
	資本家階級	4.268	1.791
	新中間階級	3.889	1.853
	労働者階級	1.834	1.404
	旧中間階級	2.054	2.077
	開放性係数	0.740	0.852
	純粋移動率	0.348	0.390
男性・父親と本人の比較	オッズ比		
	資本家階級	14.737	13.203
	新中間階級	3.788	2.964
	労働者階級	1.844	2.221
	旧中間階級	2.636	4.317
	開放性係数	0.672	0.640
	純粋移動率	0.267	0.262

＊SSM調査データによる。

ど大きい値をとる。

結果はかなり明瞭である。男性と女性では、全体に移動機会の大きさが異なるのみならず、その趨勢も異なっている。まず開放性係数と純粋移動率を男女で比較すると、一九八五年の女性（本人基準）でやや純粋移動率が低くなっているのを除けば、女性のほうが移動量が多くなっており、女性は男性に比べて階級間移動しやすいとみることができる。それでは、移動機会の趨勢はどうか。男性では、階級によってやや傾向が異なるものの、開放性係数はやや減少、純粋移動率はほぼ不変で、移動の機会は変化しなかった、あるいはわずかに不平等化したということができ、佐藤（2000）の結論と矛盾しない。ところが女性では、本人基準、夫基準いずれの場合でも開放性係数と純粋移動率が明らかに増加しており、女性にとっては階級間移動の機会が増大したということができる。オッズ比を階級別にみると、夫基準の旧中間階級ではほとんど変化がみられないものの、その他ではかなり大きく減少しており、移動が容易になったのは多くの階級に共通である。このように女性についての分析からは、佐藤（2000）とはまったく逆の結果が得られる。男性のみを対象とした分析から、日本社会全体についての結論を導くことはできないのは明白だろう。

(3)農民層分解研究——女性労働力の軽視

社会移動研究は、社会学だけで行なわれてきたわけではない。農業経済学では戦前から最近まで、農民層分解の研究が活発に進められてきており、その研究蓄積は社会学における社会移動研究をはるかに上回る。農民層分解研究では、社会学的な研究に比べると女性の問題に対して一定の注意が払われてきたといえる。たとえば、野尻（1942）はすでに男女別の分析を行なっているし、センサスデータや農村調査にもとづく研究のかなりの部分は、性別を考慮した分析を行なっている。

しかし全体とすれば農民層分解研究も、ジェンダー・バイアスを免れていたわけではない。そのことは、研究の焦点が「あとつぎ」と「次三男」にあてられてきたことに、典型的にあらわれている。農業統計上の「あとつぎ」とは家の後継者を指し、このなかには長男以外の男子も含まれる。ところが多くの研究は、「あとつぎ」を長男と前提して「次三男」と対照する方法をとってきた。たとえば並木（1957）は、次三男は戦前期には学卒後の一定期間就農することが多かったのに対し、戦後では直接に農業以外の職に就く傾向が強まり、また「あとつぎ」の流出も増えてきたことから、近い将来日本の農家戸数と農業就業人口には基本的な変化が生じるだろう、と述べている。並木のこの考察は、明らかに男性だけに向けられたものであり、「長女」と「次三女」が完全に視野から抜け落ちている。確かに長期的にみれば、並木の予測は大筋において正しかった。しかしより詳細にみれば、男性が流出傾向を強める一方で、女性が農業労働力に占める比率が高まったため、農家戸数・農業就業人口はかなり長期にわたって高い水準に維持されたのである。

こうして日本の農業は、世帯主やあとつぎの農外就労が増加し、兼業農家の激増期を迎える。こうして農業労働力における女性の比率が高まることになるのだが、この時期にはこの変化を農業労働力の質の低下と規定する論文が続出する。たとえば佐伯（1968）は、農業就業人口の女性化傾向を指摘した上で、「高度な機械・技術を使いこなし、農業経営を質的に高度化してゆくためには、過去の伝統・因習にとらわれない、若々しい経営の担い手が必要であるが、一般的な女性化・老齢化の傾向はまさにそれと逆行している」という。畑井（1965）に至っては、日本の農業は「元来家庭の内にとどまるべき婦人を圃場に叩き出すことによって、農業の労力不足を何とか切り抜けようとした」のだ、という。いうまでもないことだが、戦前期・戦後期を通じて女性は、常に農業労働の主要な担い手だったのであり、戦前期でも農業就業人口の四五％程度を占めていた（栗原 1943）。これらの見解は、こうした女性の農業労働力としての貢献を、完全に無視するものといわざるをえない。

　したがって農民層分解研究においても、農家出身の女性たちがどのような移動を経験したかについての研究は限られる。ここでは一九九五年ＳＳＭ調査データを用い、主に戦後に学卒・就職を経験した世代について、簡単な分析を提示しておこう。**図表６・３**は、農家出身者の出生順位別階級構成表である。階級カテゴリーは階級四分類を基本に、旧中間階級を自営業者と農民層に区分してある。これによると長男の農民層比率は二三・九％と高く、他を大きく上回っている。しかし次三男も七・二％だから、それほど低いわけではない。この点については、後述しよう。ここで注目したいのは、長女・次三女の農民層比率がそれぞれ一二・一％、一一・七％にも達していることである。農家出身の女性が農民層の重要な供給源だったことがわかる。移動先をみると、女性では労働者階級の比率が多く、男性では労働者階級と並んで新中間層の比率が大きい。こうしてみると、女性は労働者階級の主要な供給源であり、農民層分解過程の中心に位置していたことがわかる。農業の担い手としても、また労働者階級の供給源としても、農家出身女性は重要な存在だったのである。

(4)学歴と社会階層の歴史社会学的研究——家父長制家族の前提

　近年、教育社会学では「歴史社会学」と呼ばれる領域で研究の蓄積が著しい。そのテーマは多岐にわたるが、ここでは学歴と社会階層に関する代表的な研究である天野（1991）

図表6・3　農民層出身者の出生順位別階級構成（N = 1402）

	資本家階級	新中間階級	労働者階級	自営業者層	農民層	無　職
長男	4.8	26.1	24.6	11.8	23.9	8.8
長女	3.7	5.1	32.7	9.8	12.1	36.7
次三男	7.5	18.9	38.3	15.2	7.2	12.9
次三女	2.2	3.1	33.2	9.2	11.7	40.6

＊ 1995年SSM調査より。数字は％。農家出身者とは父主職・母主職のいずれかが自営・家族従業かつ農業である者。

を取りあげよう。この研究は兵庫県の丹波篠山をフィールドとして、文書資料の収集とともに丹念な聞き取り調査を行ない、庶民の生活世界への学歴主義の浸透過程を明らかにした労作である。しかし、そこには家父長制家族を自明の前提としたことに由来するいくつかの問題点がある。

天野は研究の主題を四点にまとめているが、その一つが「女性にとっての学歴の問題」である。ところがそこに突然、「結婚こそが人生の最終的な目標とされた戦前期」という荒唐無稽な規定が何の根拠も示さずに導入され、これが研究の基調になっていく。したがって「問題はその結婚までの時間の過ごし方にある」と、考察の対象が義務教育修了から結婚までの約一〇年間に限定されることになる（天野 1991:13,95-97）。これを受けて吉田（1991）は、高等女学校卒業者の進路について検討した上で「高女卒業者は『家庭』『進学』『就職』のどの進路をとったとしても、数年後に待っていたのは『結婚』であり、専業主婦としての生活だった」(6)として配偶者の職業の検討に移り、「高女出身者は学歴取得によって俸給生活者になった者と結婚することによって、旧中間階級から新中間階級へ、また、郡部から市部へと移動していった」と結論する（吉田 1991:128,130）。

果たしてそうだろうか。**図表6・4**は一九九五年ＳＳＭ調査から算出した、高等女学校卒業者の結婚後の主職である。確かに無職が約半数を占めてはいる。しかし専門・管理・事務・販売職に就いた者の比率は二四・一％に上り、決して少ないとはいえない。就業上の地位からみると、家族従業者が二一・九％と多いのは当然としても、経営者・役員と常雇一般従業者が一三・二％、自営業主・自由業者が七・七％に上っている。高等女学校卒業者は決して専業主婦ばかりだったわけではない。ところが天野らの研究では、「女性＝専業主婦」というそもそもの前提を置いたことから、女性本人についての事実の究明が結婚時点まででストップし、以後は所属階層が配偶者の所属階層に還元されてしまうのである。

家父長制家族ということと関わって、もう一点指摘しておこう。廣田（1991）によると、大正期までの農家ではあとつぎである長男に学歴は不要だとみなされ、進学させるのは次三男に限られていた。そして昭和期には長男も進学させる傾向が生まれるが、それはあくまでもあとつぎとなることを前提したものであり、昭和四〇年代になっても長男の学歴を抑制する傾向が一部にあった、という。果たして本当だろうか。

図表6・5は、農民層出身者の学歴を出生コーホート別・出生順位別にみたものである。事実は明らかである。どのコーホートをとっても、長男と次三男に明確な学歴の差は認められない。χ^2検定の結果では、いずれのコーホートについても、両者の差は二〇％水準で有意ではない。

ちなみに戦後については、『農家就業動向調査』に付随して行なわれている「農家子弟の新規学卒者の動向」調査から、あとつぎ・非あとつぎ別の高校進学率・大学進学率を知ることができる。詳細については橋本（1999a）に譲るが、一九七五年頃までは一貫して、高校進学率・大学進学率ともあとつぎのほうが高く、非あとつぎ男子の進学率はあとつぎのみならず女子をも下回っている。こうした事実の一部はすでに一九六〇年代、中安（1965）が指摘していたことである。

また、農家の長男が一様に「あとつぎ」とみなされていたという想定にも疑問が残る。川島によると、「従来わが

表6・4　旧制高等女学校卒業者の結婚後の主職

職業	専門	4.3
	管理	1.0
	事務	7.3
	販売	11.5
	保安・サービス	5.0
	マニュアル	9.8
	農林漁業	10.1
	他・無職	51.1
就業上の地位	経営者・役員	2.2
	常雇一般従業者	11.0
	臨時雇用・パート	5.5
	派遣社員	0.1
	自営業主・自由業者	7.7
	家族従業者	21.9
	内職	1.4
	無職	50.1

＊ 1995年SSM調査の母親主職への回答より。数字は％。高等女学校卒業者は842名。出生年は1886年から1934年。

国では、長男単独相続制が全国農村に行なわれてきたかのように漠然と想定する考え方が支配している。しかし、これは事実に反する錯覚である」（川島 1957:71）。現実には分割相続や末子相続・姉家督相続などのさまざまな相続形態があったのであり、長男を自動的にあとつぎと想定することはできない。事実、粒来（1995）は、長男の単独相続は東日本では支配的であるものの、西日本では必ずしも支配的でなかったことを明らかにしている。また一九九五年時点でみても、農家男性の約四割までが次三男であることが明らかにされている（橋本 1999a: 第6章）。

さらに付け加えれば、天野らが調査対象に選んだ兵庫県が、必ずしも長男単独相続の支配的な地域ではないと考える根拠はある。一九五〇年代に全国各地の次三男の農業就業状況を比較した宮出（1956）によると、兵庫県では長男より次三男の就業日数が多く、むしろ次三男が農業の主要な担い手になっていた。学卒後の「お礼奉公」が衰退しつつあったこの時期に次三男が農業の中心だったというこの事実は、次三男のかなりの部分があとつぎ、あるいは分割相続者だったことを示唆するものである。

天野らの結論とここで示した事実との食い違いの原因の一部は、丹波篠山地域の特殊性にあろう。天野自身、この地域は「けっして代表的とも典型的ともいいがたい」と、慎重な態度をとっている（天野 1991:12）。しかし同時に、次の

図表 6・5　農民層出身男性の出生コーホート・出生順位と学歴（旧制学歴者）

		小学	高小	実業	旧制中学	旧制高校	旧制大学
1900〜1909年生まれ	長男	21.4	60.0	11.4	5.7	0.0	1.4
	次三男	24.3	59.5	5.4	4.1	4.1	2.7
1910〜1919年生まれ	長男	17.5	67.0	6.2	6.2	0.0	3.1
	次三男	13.9	68.3	8.9	5.9	3.0	0.0
1920〜1929年生まれ	長男	4.4	66.7	14.4	8.9	4.4	1.1
	次三男	7.5	66.4	11.9	10.4	1.5	2.2

＊ 1965年SSM調査より。該当者は566人。数字は％。農民層出身者とは、父主職が自営・家族従業かつ農業である者（1965年SSM調査に、母職についての設問はない）。

＊「旧制中学」には師範学校、「旧制高校」には専門学校、高等師範、士官学校、大学予科、「旧制大学」には高等商業、医専などを含む。

ことは疑ってよい。それは、この研究には当初から、農村地域の家族は長男単独相続の直系家族であり、しかも妻は専業主婦だという前提があったのではないかということである。つまり長男中心の伝統家族と家事専担者のいる近代核家族のミクスチュアともいうべき特定の家族像、いわば伝統―近代複合型の家父長制家族が、研究の前提かつ分析の基本単位とされていたのではないか。この点に注意して読み返すと、聞き取り調査の結果の少なからぬ部分が、常にこうした家族モデルの確認へと動員されていることがわかる。

4　女性と階級構造——新たな理論化と実証分析に向けて

(1) マルクス主義フェミニズムの最前線としての階級理論

以上から、家父長制家族を所与の分析単位とし、また女性差別の問題を階級・階層構造とは無関係とみなす理解が、階級・階層研究の対象から女性を排除する結果を生みだしたこと、そして階層研究に多くの誤りや混乱、または事実誤認を生じさせてきたことは明らかだろう。それではフェミニズムの主張に端を発したこの挑戦に、階級理論はどう答えるべきなのだろうか。

実は本章の冒頭で予告しておいたように、この課題はマルクス主義フェミニズムの中心問題に関わるものである。生産様式がマルクス主義理論の戦略的概念であるのと同じ意味で、家父長制はフェミニズムの戦略的概念である。この概念ははじめ、ラディカル・フェミニズムの理論家たちが「男性の女性に対する支配のシステム」一般を指す概念として使いはじめたが、のちにマルクス主義フェミニズムの理論家たちが再生産様式、家内制生産様式といった物質的構造としての規定を追加して、より洗練された社会科学的概念に練り上げていった。

階級は、マルクス主義理論のもう一つの戦略的概念である。マルクス主義社会理論の最も基本的な命題は、「社会の経済構造すなわち生産様式は、他の社会諸構造と諸過程に対して規定的である」という命題である。しかしこの命題が説得力をもつためには、生産様式がどのようなメカニズムを通じて他の社会諸構造・諸過程に規定力を及ぼすのかを説明する必要がある。これに答えるのが、階級理論である。その要点は、生産様式は人々の間に特定の諸関係を生じさせるが、これらの諸関係が全社会的には階級関係として現出するとともに、共通の利害と対立する利害を生みだし、他の社会諸構造と諸過程を規定するというところにある。マルクス主義社会理論は、階級理論を通じることによって初めて、現実の人々や諸集団の行動を分析対象に収めることができるのである。

それでは、階級に対応するフェミニズムの概念は何か。それは、ジェンダーである。階級構造に対応するのは、ジェンダー関係またはジェンダー・ヒエラルキーだろう。したがって階級とジェンダーの関係を理論化する作業は、実は生産様式と家父長制の関係を理論化するという、マルクス主義フェミニズムの最重要の課題と密接に関係するのである。

それだけではない。階級理論は、マルクス主義社会理論が資本主義に関する抽象的な理論から現実社会の分析に進む手がかりとしての、戦略的な意義を担うものであった。これと同様に階級とジェンダーの関係を理論化することは、マルクス主義フェミニズムが家父長制的資本主義もしくは資本主義的家父長制に関する抽象的理論から現実社会の分析に進む手がかりとしての、戦略的な意義を担うものである。階級とジェンダーの関係を視野に収めたとき、階級理論はマルクス主義とフェミニズムを二つの基盤としながら、この二つを現実社会の分析に結びつける理論としての位置を獲得することになる。こうして「マルクス主義とフェミニズムの不幸な結婚」（Hartman 1981=1991）は、階級理論において乗り越えられるのである。

(2) 階級一元論と性一元論の間で

それではフェミニズムと階級理論は、階級とジェンダーの関係をどのように理論化してきたのか。大別すると、これまで、三つの主張があったといえる。

第一の立場は、ジェンダーを階級所属の決定要因とみなすものである。これを「ジェンダー＝階級所属決定要因」説と呼ぶことにしよう。代表的な論者としては、ハートマンとウェスターガードをあげることができる。ハートマンによると、マルクス主義は資本主義社会の階級構造を明らかにしたものの、「誰がどの場を埋めるのか説明することができない」。これを説明するのがジェンダーである。ジェンダーは人種などとともに、誰がどの階級的位置を占めるかを決定するのである（Hartman 1981 = 1991）。またウェスターガードは、「性による不平等は（人種による不平等と同様）かなりの部分まで階級的不平等を通じて表現され、その逆ではない。実際、女性は、その男性への従属の多くの部分を（全部ではない）……階級の経済的秩序のなかの比較的低い立場に置かれることを通じて、体験する」という。つまり、まず階級構造や階級内部のヒエラルキーがあり、その上でジェンダーが所属階級や階級内で諸個人が占める位置を決定するのである（Westergaard 1993 = 1993）(7)。

第二の立場は、ジェンダー間の関係は、生産領域における階級関係とは独立した、家事労働やセクシュアリティの搾取にもとづくある種の階級関係だとするものである。これを「ジェンダー＝階級」説と呼ぶことにしよう。代表的な論者としては、デルフィ、ファーガソンをあげることができる（Delphy 1984, Ferguson 1989）。二人に共通するのは、人々の階級所属は家父長制と生産様式の双方によって決定され、したがって人々は複数の階級所属をもつとみなすことである。デルフィによると、われわれの社会には「産業制様式」と「家族制様式」という二つの生産様式があり、一般的な財は前者、家内サービス・育児などは後者を通じて生産される。そのなかで人々は、「産業制様式」に占め

料金受取人払

本郷局承認

354

差出有効期間
平成17年 6月
14日まで

郵 便 は が き

1 1 3 - 8 7 9 0

2 4 0

（受取人）

東京都文京区向丘1-20

株式会社 東信堂 読者カード係

お名前《ふりがな》 （ 歳） 男

（〒 ） （TEL － －

市 区
郡

ご住所

ご職業 1. 学生（高 大 院） 2. 教員（小 中 高 大）
3. 会社員（現業 事務 管理職） 4. 公務員（現業 事務 管理職）
5. 団体（職員 役員） 6. 自由業（ ） 7. 研究者（
8. 商工・サービス業（自営 従事） 9. 農・林・漁業（自営 従事）
10. 主 婦 11. 図書館（小 中 高 大 公立大 私立）

お勤め先
・学校名

ご買上
書店名

市 区
郡 町

東信堂愛読者カード

愛読ありがとうございます。本書のご感想や小社に関するご意見を
せください。今後の出版企画や読者の皆様との通信に役立たせます
、お名前、ご住所をご記入のうえ、ご返送ください。

購入図書名

入の動機

頭	2. 新聞広告（　　　　）
誌広告（　　　　）	4. 学会誌広告（　　　　）
イレクトメール	6. 新刊チラシ
にすすめられて	8. 書評（　　　　）

のご感想・小社へのご意見・ご希望をお知らせください。

お読みになった本

な分野の本に関心がありますか。

学　経済　歴史　政治　思想　社会学　法律　心理　芸術・美術　文化　文学
育　労働　自然科学（　　　　　　）　伝記　ルポ　日記

る位置にもとづく階級と、「家族制様式」に占める位置、すなわちジェンダーにもとづく階級の二つに所属するのである。またファーガソンは、人々は性階級、家族階級、個人的経済階級の三つの階級所属をもつ、としている。

第三の立場は、ジェンダーは階級分化の形態や階級の内部構成そのものに影響するのであり、階級構造と構成的な関係にある、すなわち階級構造は「ジェンダー化（gendered）」されているとするものである。これを「ジェンダー化された階級構造」説と呼ぶことにしよう。代表的な論者としてはマン、アンデス、ヴェールホフをあげることができる。マンによると、女性は多くの場合、ある階級の男性たちとその下位に位置する階級の男性たちの中間に位置しており、その意味でジェンダーは、経済的階層化の中心的メカニズムになっている。「階層はいまやジェンダー化されており、ジェンダーは階層化されている」のである（Mann 1986）。この立場の一つの特徴は、実証的な分析をともなっていることである。アンデスは「諸階級は男性中心の階級と女性中心の階級とに分断されている」という仮説をデータにもとづいて検証し、肯定的な結論を得ているし（Andes 1992）、ヴェールホフは第三世界の階級構造の分析から、性別と階級との対応関係がますます明確になり、女性は最下層階級に位置づけられるとともに、男性の多くは支配階級の女性に対する支配を媒介する「中間階級」としてあらわれている、と主張している（Werlhof 1986）。

こうしてみていくと、階級とジェンダーの関係についての理論化の仕方が、階級一元論、二元論、統一論といった、マルクス主義フェミニズムの諸潮流のそれぞれの特質を明確に反映していることがわかる(8)。

「ジェンダー＝階級所属決定要因」説は、ジェンダーを階級構造の外部の要因とみなす点では二元論的だが、ジェンダーが階級所属を通じて効果を及ぼすとされている点では、階級構造の優越性が暗黙に前提されており、階級一元論的な性格も強い。実際、この方法で階級構成表を作る場合、従来の階級カテゴリーにはまったく変更を施す必要がない。

「ジェンダー＝階級」説は、ジェンダーを生産領域で定義される階級所属に重ね合わせるのではなく、それ自体独自の階級を構成するとみなす点で、階級一元論と性一元論を回避している。しかし、二つの階級決定の関係が必ずしも明らかでなく単に並列されるにすぎないこと、家事労働の搾取と生産領域における女性差別の相互補強関係が考慮されていないことなどから、二元論的な性格が強い。

「ジェンダー化された階級構造」説は、生産様式と家父長制が総体として階級構造を決定するとみなすもので、階級一元論と性一元論を克服するとともに、理論的な統合にも踏み出しており、しかも実証研究にも道を開いている。この意味でこの立場は、われわれが直面している課題に対して、最も示唆に富むものということができる。しかし、専業主婦の位置づけが明らかでない点に典型的にみられるように、結局のところは生産領域における階級構造を基本に置き、ここにジェンダーを組み入れたにすぎないとみることもでき、やや階級一元論に傾斜した議論であることも否定できない。また「ジェンダー化された階級構造」は、かなり複雑な構造をもつものであるはずで、その全体をどのように図式化するかが、大きな課題となろう。

5　現代日本における「ジェンダー化された階級構造」

「ジェンダー化された階級構造」説は、階級とジェンダーの関係に関する理論化の、現時点での一つの到達点とみることができる。しかし、専業主婦の扱いをどうするか、女性全体を視野に入れた階級構造図式をどのように構成するかという、二つの問題が未解決のままに残されている。ここでは次のような方針に従って、こうした課題を解決するための一つの試みを提示しよう。

①分析対象は、本人または夫が有職の女性とする。用いるデータは一九九五年ＳＳＭ調査データ、調査対象者は二〇～六九歳である。

②基本的な階級区分としては、図表６・２と同じ資本家階級・新中間階級・労働者階級・旧中間階級の四階級区分を採用する。

③専業主婦については、夫の所属階級内部のある種の社会階層を構成するものとみなし、資本家階級世帯主婦層、新中間階級世帯主婦層、などと呼ぶことにする。

④女性の家族従業者のかなりの部分は、家事労働のみならず自家自営業の上でもアンペイド・ワークに従事していると考えられることから、本人が経営者・役員・業主である場合と家族従業者である場合を区別し、後者を資本家階級世帯家族従業者層、旧中間階級世帯家族従業者層と呼ぶことにする。

図表６・６は、こうして作成した女性の階級構成表と各階級・社会階層の平均所得を示したものである。主婦層が全体に占める比率は、三五・二％である。主婦層を組み込んだことから、有業者のみの階級構成表と比較してかなりの変化があるが、とくに新中間階級の比率が、一一・一％から二一・七％へと二倍近くにまで大きくなっていることが目を引く。これはもともと女性の有業者に新中間階級が少ないこと、新中間階級男性の妻の専業主婦比率が高いことによるものである。

有職女性の収入は、どの階級をみても男性の半分以下だが、とくに、家族従業者層の所得が他の有職女性の約半分、男性の四分の一以下にとどまっていることが注目される。また主婦層はきわめて低収入であるため、これを含めた女性全体の平均収入は、各階級とも男性の三分の一から五分の一程度にとどまっている。

ここで作成した階級構成表は、暫定的な性格のものである。さらに視野を広げれば、子どもや高齢者も含めるべきであろうし、分析目的によってはより細かな性別職務分離を組み込んだり、パート労働者を区別すること、さらには、夫婦の階級所属の組み合わせに注目した世帯単位の分析も必要だろう。しかしここで強調しておきたいことは、フェミニズムの視点にもとづいて拡張された階級構成表の作成が、アンペイド・ワークを含めた広い意味での女性労働の研究とフェミニズムを結びつけるための、したがってマルクス主義フェミニズムを実証研究に結びつけるための第一次接近になるということである。こうした試みが、今後いろいろと行なわれることを期待したい。

図表 6・6　女性の階級構成（1995 年）

		比　率 (%)	有業者中比率 (%)	平均所得 (万円)	［参考］男性の平均所得 (万円)
資本家階級	資本家階級	2.3	3.4	382.7	
	資本家階級世帯家族従業者層	2.3	3.3	218.5	
	資本家階級世帯主婦層	2.6		63.7	
	小　計	7.1	6.7	208.0	901.7
新中間階級	新中間階級	7.5	11.1	306.5	
	新中間階級世帯主婦層	14.2		23.2	
	小　計	21.7	11.1	118.0	640.4
労働者階級	労働者階級	40.1	59.4	178.8	
	労働者階級世帯主婦層	12.9		23.3	
	小　計	53.0	59.4	140.8	435.1
旧中間階級	旧中間階級	5.1	7.6	241.8	
	旧中間階級世帯家族従業者層	10.3	15.2	122.4	
	旧中間階級世帯主婦層	2.8		24.5	
	小　計	18.2	22.8	137.8	557.7
合　計		100.0	100.0	139.9	576.0

＊ 1995 年 SSM 調査データによる。

第Ⅲ部　階級構造と教育改革

第七章　現代日本の階級構造と高校教育

1　高校教育の階層的構造と高校入試の社会的位置

(1)高校教育の階層的構造

「一億総中流論」が支配的だった日本でも、一九九〇年代の半ば過ぎから、経済的・社会的格差の拡大傾向が注目を集めるようになった。こうした傾向の存在を認めるならば、階級・階層研究はいうまでもなく、社会科学の多くの分野で、これまでの研究を再検討するとともに、格差拡大がもたらす帰結についての分析が進められる必要がある。教育研究も、例外ではありえない。そのとき研究の焦点になるのは、おそらく高校教育である。

一般に中等教育は、教育体系のなかで最も難しい問題をはらんだ段階だといわれる。なぜなら中等教育は、初等教育と高等教育の間にあって、進学準備教育と完成教育の二つの機能を同時に果たさなければならないからである(Trow 1961 = 1980, 天野 1989)。そして高校進学率が九七%にも達する日本の場合、こうした問題が起こるのはほぼ高等学校段階に限定されよう。つまり高校教育は、高等教育への準備教育を行なうとともに、進学しない卒業者を社会へ準備させる(完成教育)という、二重の機能を担うのである。

高校教育のこの二つの側面は、日本社会の階級構造と不可分の関係にある。階級所属を決定する要因にはいくつかが考えられるが、少なくとも若い世代に関する限り、最大の要因は学歴である。そして少なくとも最近まで、学歴は高卒と高等教育卒にほぼ二分されており、高卒は労働者階級、高等教育卒は新中間階級との対応関係が強かった（第九章参照）。このとき高校教育の二つの側面は、人々の階級所属と直接に対応することになる。高卒で就職して労働者階級となる人々には完成教育を、大学へ進学して新中間階級となる人々には準備教育を。高校教育には、階級構造と対応する二重の機能が求められたのである。

それではこの二つの機能を、どうやって両立させるのか。戦前期の複線型学校体系は、二つの機能をそれぞれ別の学校種に割り当てることによって、この課題を解決しようとするものだった。時期によって多少異なるが、義務教育である尋常小学校の上に、実業学校・実業補習学校（のちに青年学校）・高等女学校・中学校などの多様に分岐した中等教育諸学校が連なり、旧制高校や大学には、原則として中学校卒業者のみが入学できた。

戦後の新学制の意義は、いうまでもなく、この複線型中等教育システムを廃し、義務教育である中学校段階と高等学校段階を併せて単一の中等教育制度とし、単線型の学校体系を実現したところにあった。この改革に、「占領軍による押しつけ」という側面がなかったとはいえない。しかし複線型から単線型へという学校体系の変更は世界的な趨勢だったし、また日本国内にも戦前期から、単線型の学校体系を求める運動が存在していた。さらに敗戦直後から、青年学校関係者が単線型の中等教育を求める運動を展開したが、その背景についてある関係者は、「戦時中、青年学校生徒は次々と兵隊にゆき、まじめなやつほど早く死んでいった。中等学校出身は将校になり、青年学校卒はその弾除けといった複線型の教育の悲しさが、戦後の運動の原動力となった」と証言している（黒羽 1994:54）。

新制高校の当初の構想は、かなり徹底したものだった。一九四七年の「新学校制度実施準備の案内」（文部省）では、総合制・男女共学・小学区制（いわゆる「高校三原則」）が規定され、将来的には入学者選抜をなくして、希望者を全員入学させることが原則とされていた。性別はもちろんのこと、成績や将来の進路の違いによってすら、高校教育は分岐してはいけない。入学希望者全員を等しく受け入れなければならない。それは中等教育制度の、実に根本的な変革であった。ここでは中等教育の二つの機能は、常に同じ学校のなかで、同時に実現されるべきものとされている。戦後しばらくの間は、中学と高校のいずれもがこうした二面性をもっていた。しかし高校教育が普遍化し、中卒での就職者が減少した後では、中等教育の二面性はもっぱら、高校段階の抱える問題となった。

しかし現実には、単線型への移行は不徹底に終わった。普通科と専門学科の学科区分が採用されたこと、旧制中学を前身とする高校と実業学校を前身とする高校の間で教育課程が統一されなかったことから、戦前期の構造が温存されてしまったのである。こうして成立したのが、普通科―職業科の二元的システムである。確かに戦前期と違い、どの高校のどの学科を卒業しようとも、大学受験資格は一様に与えられる。しかし、各大学が主に普通科で教えられる「進学向け」の教科・科目を指定して出題する大学入試制度の下で、職業科の卒業生は事実上、進学機会を大幅に制限されてきた。こうして日本の高校教育は、普通科―職業科の学科区分を基礎として、複線的な要素を内部に含み込むことになった。

それだけではない。普通科にしても職業科にしても、旧制学校を前身とする伝統校と新設校の違い、これまでの進学・就職実績の違いなどから、さまざまに異なる社会的評価を受けている。こうして、普通科と職業科とが上下に序列化され、それぞれの内部も入学者の学力レベルによって上下に序列化される。すべての高校が、歴然とした学校間格差のなかに組み込まれる。こうした構造を、高校教育の階層的構造と呼ぶことにしよう。高度に発達した階層的構造こそが、日本の高校教育の最大の特徴である。

(2)トラッキング・システムとしての高校教育

このような階層的構造の下では、高校卒業後に高等教育段階へ進学するかどうかは、どの高校に進学するかによって実質的に決まってしまうことになりやすい。序列化されたそれぞれの高校は、生徒に異なる教育経験を与える。進学校ではカリキュラムが進学向けに編成されているのみならず、進学を自明のこととみなす学校文化が形成されているから、生徒は自然に進学へのアスピレーションを高められる。これに対して非進学校は、カリキュラムが進学向けでないだけでなく、進学へのアスピレーションを高めるような学校文化に欠けている。具体的にいうと、進学校の生徒たちは、その学校にいるというだけで、大学へ進学することがあたりまえとみなされている。こうした環境の下で、生徒たちは次第に大学進学への意欲をかきたてられていく。これに対して非進学校の場合、はじめから生徒は卒業したら就職するものとみなされている。したがって、入学時には将来の進路に無自覚であった生徒たちも、次第に進学せずに就職することをあたりまえと考えるようになっていく。こうして入学時の学力や進路意識の差は、三年間の高校生活を通じてますます拡大し、学校間には画然とした進路の違いが作り出されていく。高校によって生徒の進路が異なる原因は、入学時の学力だけではない。学校間格差とこれに対応したカリキュラムと学校文化の違いによって、生徒の分極化が促進されるのである。こうしたことから日本の教育社会学者たちは、高校間格差は一種のトラッキング・システムだと指摘してきた(1)。

このとき高校入試は、単に所属する高校を決定する試験であるにはとどまらない。それは大学に進学するか否かを決定する試験であり、したがって、将来の階級所属を決定する試験なのである。

2　高校教育と階級構造

それでは現実に、戦後日本において、高校教育の階層的構造と社会全体の階級構造は、どのように対応してきたのだろうか。データにもとづいて検討してみよう。

ここで用いるのは一九八五年SSM調査データで、最終学歴が新制学校のサンプルのみを分析対象とする。一九八五年SSM調査の男性B調査と女性調査では、学歴についてとくに詳細な設問が設けられており、中学校卒業以降のすべての学歴について、学校名とその設置者、学部名（大学）・学科名（高校）を知ることができる。したがって、このデータを各高校の大学進学状況に関するデータと組み合わせれば、調査対象者個人の出身高校の階層構造のなかに占める位置を正確に知ることが可能である。今回の分析では、出身高校をまず普通科と職業科に分け、さらに普通科を進学状況に応じて三区分した高校タイプ変数を用いた。普通科Aがいわゆる「進学校」、普通科Cが非進学校、普通科Bはその中間である(2)。また時系列的な変化をみるため、対象サンプルをベビーブーム世代まで（一九五〇年出生まで）とそれ以後の二つのコーホートに区分した分析も行なった。

(1)出身階級と高校の対応関係

図表7・1は、まず基本的な事実として、男女別の高校進学率を出身階級別・コーホート別にみたものである。出身階級の基準には、父親の主職時の所属階級を用いた。この二つの世代の間で、高校進学率は大きく上昇し、いずれの階級でも一〇〇％に近づいた。このため出身階級による格差は縮小したとみることができるが、それでも進学率の高い資本家階級・新中間階級と進学率の低い労働者階級・旧中間階級の違いは歴然としており、後者では高校に進学

しなかった人が一〇〜一五％に達している。

図表7・2と**図表7・3**は、それぞれ男性と女性について、各高校タイプの卒業者の出身階級構成をコーホート別にみたものである。まず男性では、いずれのコーホートでも高校タイプによって出身階級構成が大きく異なること、とくに新中間階級が普通科AとBに集中しているのに対して、労働者階級・旧中間階級が普通科Cと職業科に集中していることがわかる。しかも二つのコーホートを比較すると、進学校である普通科Aと職業科で、出身階級構成の偏りが大きくなったことが注目される。つまり普通科Aでは新中間階級出身者が急増、職業科では労働者階級出身者が急増し、前者では資本家階級・新中間階級の合計が六五・九％、後者では労働者階級・旧中間階級の合計が八〇・五％にも達したのである。出身階級と高校タイプの関連の強さをクラメールのV係数でみると、ベビーブーム以前では〇・一六七、ベビーブーム以後では〇・二四四で、両者の関連がかなり強まったことがわかる。女性では、男性に比べて出身階級構成の偏りが小さめで、またコーホートによる変化の幅も大きくないが、基本的な傾向は同じで、普通科Aでは新中間階級出身者、普通科Cと職業科では労働者階級出身者が増加している。

つまり、二つのコーホートの間に起こったのは、次のような変化である。労働者階級と旧中間階級の出身者の進学率は急増したが、その進学先は主に非進学校の普通科と職業科であり、彼ら・彼女らは進学校からはむしろ閉め出された。そして進

図表7･1　出身階級別高校進学率の推移

	出身階級	ベビーブーム世代以前	ベビーブーム世代以後
男子	資本家階級	79.2	100.0
	新中間階級	91.4	98.5
	労働者階級	67.0	87.8
	旧中間階級	66.0	91.8
女子	資本家階級	86.4	94.3
	新中間階級	84.2	98.8
	労働者階級	52.4	84.4
	旧中間階級	60.3	89.3

＊1985年SSM調査データによる。数字は％。

図表7・2　高校タイプ別出身者の出身階級構成（男性・コーホート別）

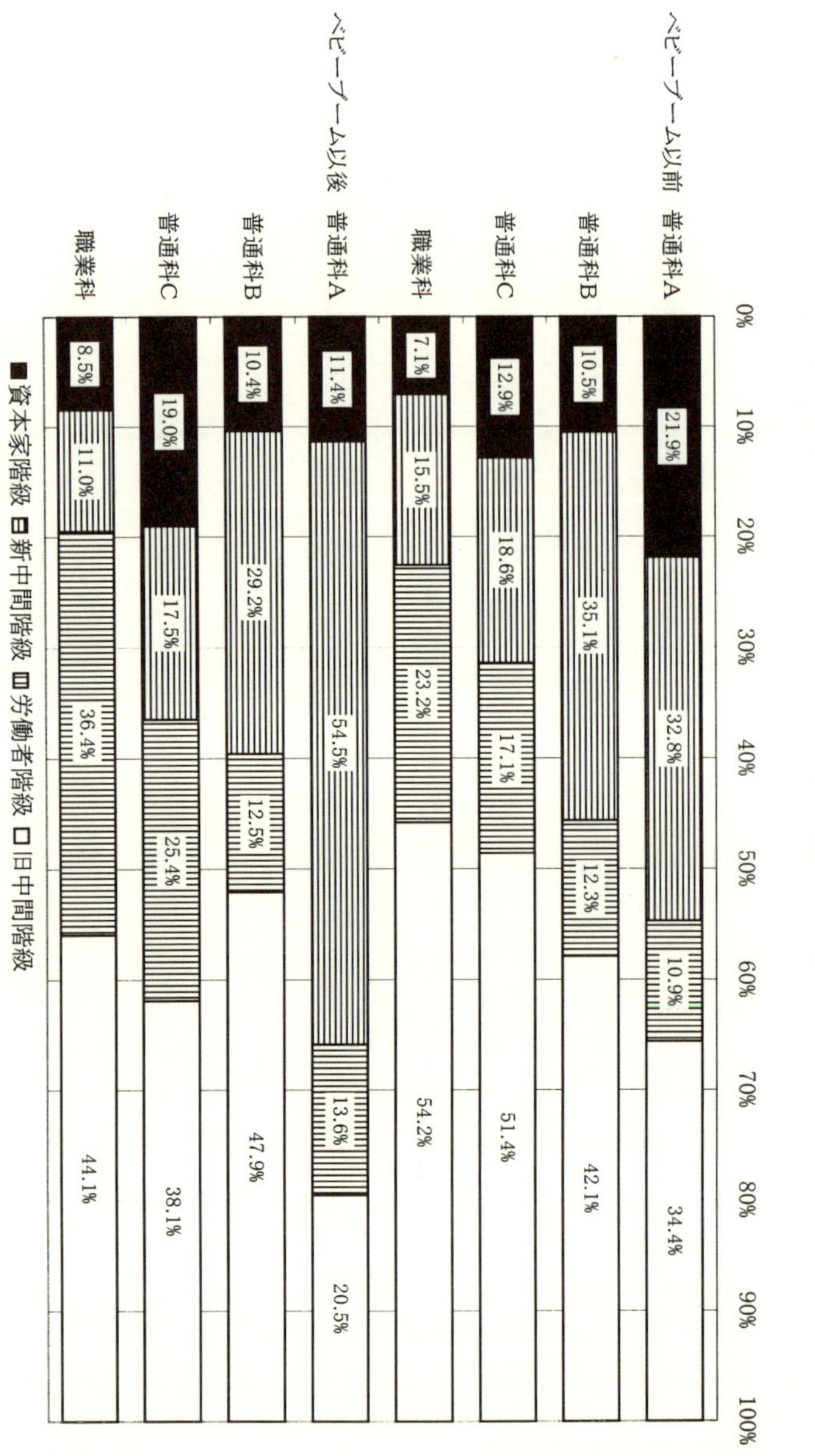

＊1985年SSM調査データによる。

図表7・3　高校タイプ別出身者の出身階級構成（女性・コーホート別）

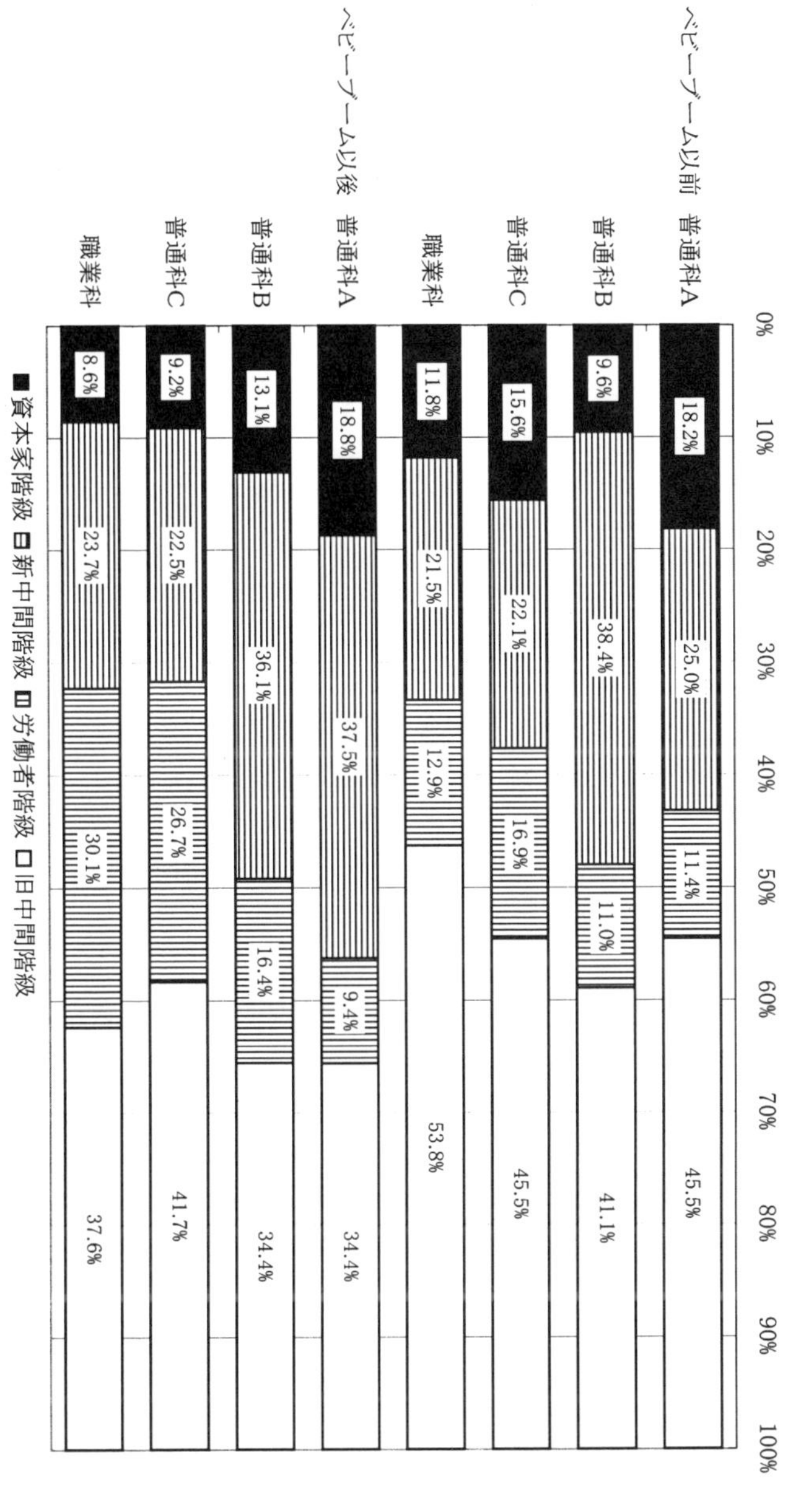

＊ 1985年SSM調査データによる。

図表 7·4　高校タイプ別出身者の初職時の階級構成（男性・コーホート別）

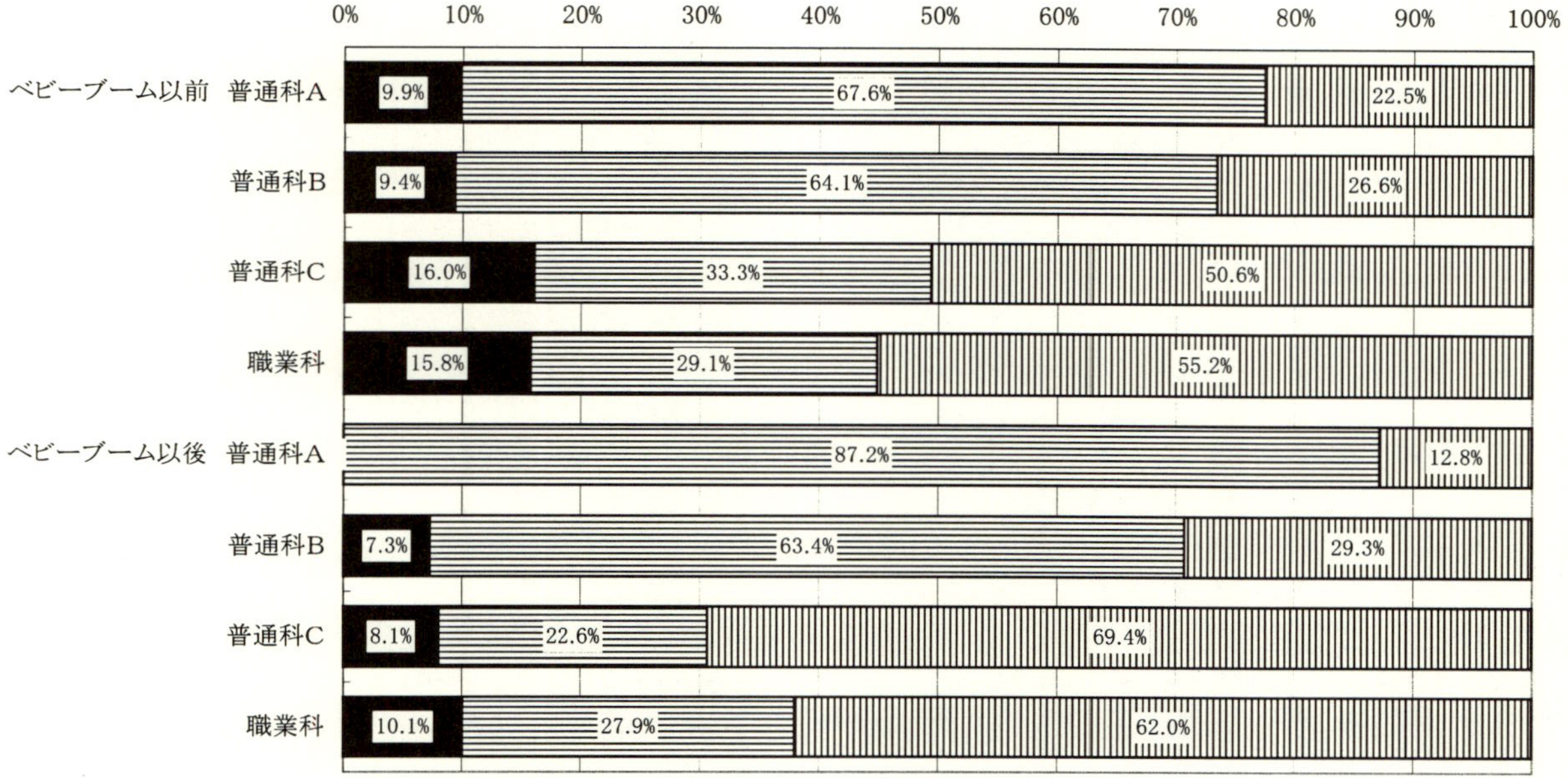

■資本家階級+旧中間階級 ⊟新中間階級 ◫労働者階級

＊ 1985 年 SSM 調査データによる。

図表7·5　高校タイプ別出身者の初職時の階級構成（女性・コーホート別）

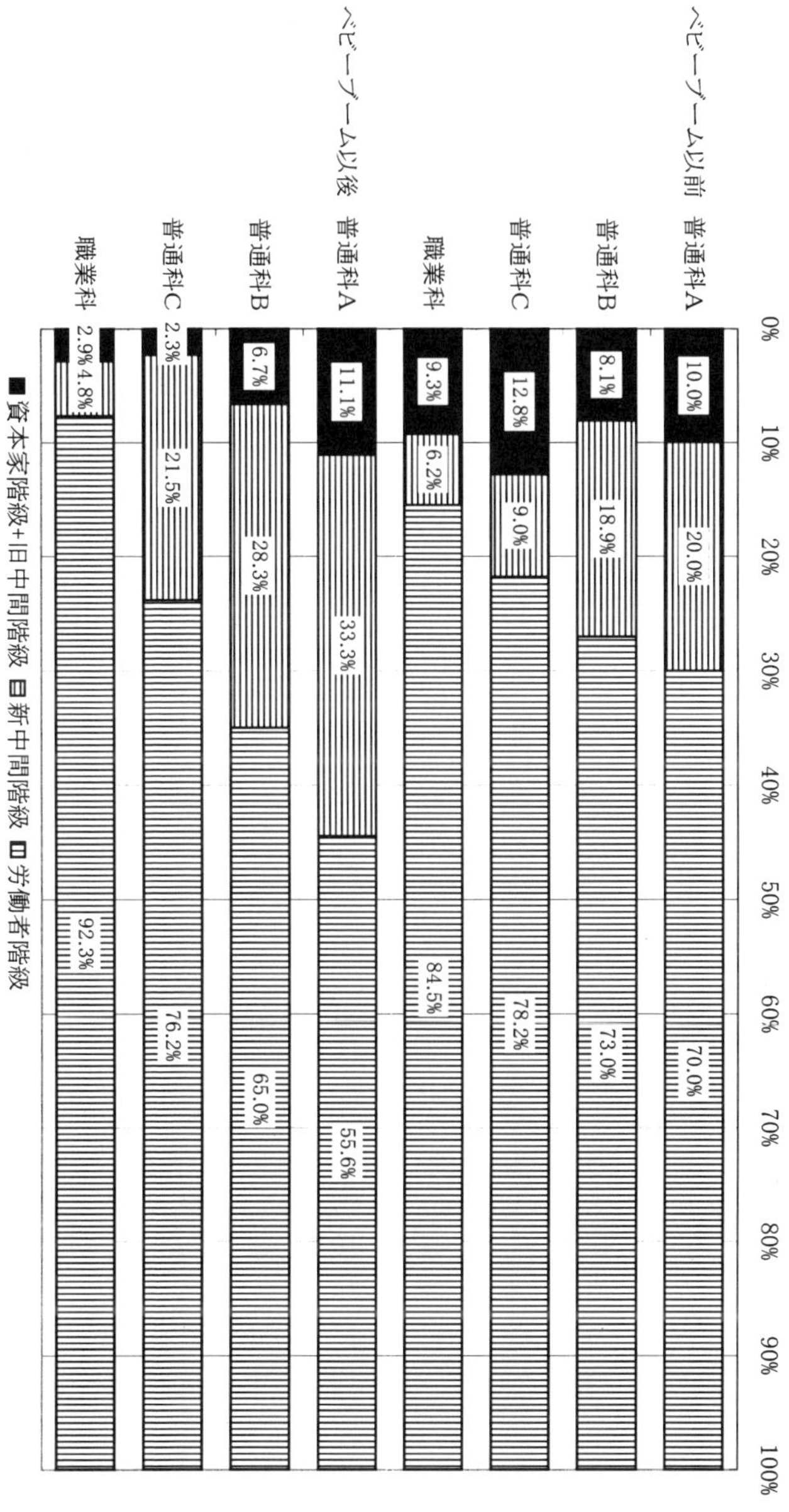

＊1985年SSM調査データによる。

学校は、もっぱら資本家階級・新中間階級出身者によって占められるようになったのである。

(2) 出身高校と所属階級の対応関係

図表7・4と図表7・5は、それぞれ男性と女性について、各高校タイプの卒業者の初職時点での所属階級構成をコーホート別にみたものである。初職時点で資本家階級だった人はごくわずかであり、またこれらの人々は零細な家業に従事した人々であると考えられることから、ここでは旧中間階級と合算した。まず男性では、普通科AとBの卒業者には新中間階級が、普通科Cと職業科の卒業者には労働者階級が多いという対応関係がかなりはっきりしている。またコーホート間の比較からは、出身階級構成の場合と同様に、階級構成の偏りが大きくなったことが明らかである。普通科Aの出身者はベビーブーム以前でも六七・六％が新中間階級に所属していたが、ベビーブーム以後では八七・二％と、ほぼ新中間階級に純化した。これに対して普通科Cと職業科では、資本家階級＋旧中間階級、新中間階級の比率がいずれも低下して、労働者階級に純化する傾向が強まっている。高校タイプと所属階級の関連の強さをクラメールのV係数でみると、〇・二〇五から〇・二七六と、かなりの増加を示している。女性では、単純事務職が就職先の多くを占めることから、全体に労働者階級の比率が高いが、所属階級の傾向、変化の方向ともに基本的には男性と似ており、普通科A・B卒業者の新中間階級比率が増加、労働者階級比率が減少し、職業科の労働者階級比率が増加している。普通科Cでも新中間階級比率は増加しているが、資本家階級・旧中間階級が減少したため、労働者階級比率にはほとんど変化がない。全体として上位校の卒業者が新中間階級を独占し、下位校の卒業者は労働者階級に純化するという傾向がうかがえる。

このように戦後日本の高校教育は、出身階級・所属階級のいずれの観点からみても、上位校と上層階級、下位校と下層階級のつながりが強化され、全体として階級構造との関係を強めてきたとみることができる(3)。

3　高校教育の階層的構造と教育機会の不平等

先に、高校教育の階層的構造は、生徒の進路を早い時期に分化させるトラッキング・システムだと指摘した。しかし前節での結論は、さらに深刻である。単に、本人の能力や努力の結果が進学先の高校を決め、このことが本人の将来を決めるというだけならば、ある種のメリトクラティックなメカニズムが働いているということにほかならず、さほど問題ではないと考えられるかもしれない。実はここにも、大きな問題があるのだが、これについては後述しよう。ここで問題にしたいのは、こうしたトラッキング・システムは出身階級とも結びつき、結果的に出身階級と到達階級を媒介する役割を果たしているということである。上層階級出身の生徒は上位校に、下層階級出身の生徒は下位校に集中する。上位校の卒業者は上層階級に、下位校の卒業者は下層階級に集中する。出身階級が進学先の高校を決め、出身高校が所属階級を決める。こうして、階級所属が世代的に固定化されてしまうのである。

これは以前から指摘されていた問題である。たとえば一九七〇年に来日したＯＥＣＤ教育調査団は、日本の普通高校の間に大きな格差があることを指摘しながら、「一般的に言って、生徒を将来の職業の目標あるいは知識の獲得能力によって、早い段階で区別するやり方は、社会階層を硬直化させ、しかもその階層間の社会的距離を広げる結果になる」と述べていた（ＯＥＣＤ教育調査団 1976）。またトールステン・フセーンは、中等教育制度と生徒の学力に関する国際比較の結果から、知的能力の高い生徒を早期に分離する制度は「非常に多くの低階層出身者が高等教育から締め出されるとか、一握りのエリート以外の多数の生徒が質の高い教育を受ける機会を制限されるなどの大きな犠牲」

をともなう、と指摘している（Husén 1979 = 1982）。

こうした危険のゆえに米国の一部では、「アントラッキング（untracking）」と呼ばれる施策がとられてきた。米国の公立ハイスクールは小学区制を原則としているため、地域的背景による格差があるだけで、日本のような学校間格差などは存在しない。しかし、それぞれの学校の内部で生徒を学力によってグループ化し、各々に進学向け、就職向けなどの異なるカリキュラムを与える「トラッキング」と呼ばれる制度が導入されている場合がある。ところがこの場合、学力の低い生徒を対象としたコースには少数民族を中心とした貧困層の生徒が集中することが多く、結果的に差別を助長することになるという批判がある。こうした事態を防ぐために、トラッキングを解消しようというのである（Weelock 1992）。

高校間格差を縮小し、高校教育の階層的構造を解消しようという主張は、しばしば「形式的平等」「悪平等」と評される。しかし、高校教育の階層的構造の「不平等」とは、単に各高校の学力レベルが異なるということにとどまらない。教育機会の不平等を拡大し、ひいては固定化された階級社会をもたらすものなのである。だとすれば高校教育の階層的構造を解消することは、教育改革の最重要の課題とされなければならないだろう。

4　その他の社会的弊害

高校教育の階層的構造の弊害は、教育機会の不平等の拡大だけではない。それは、進路選択の自由の制限と、地域コミュニティの侵蝕である。

(1) 進路選択の自由の制限

高校教育は、一五歳の若者たちを相互に分け隔て、大学進学者と非進学者をふり分け、異なる階級へと送り届ける巨大なトラッキング・システムである。こうして多くの場合、若者たちは高校入試の時点で最終的な進路選択を迫られることになる。いったん普通科に進学すれば、専門教育を受ける道は閉ざされる。職業科に進学すれば、進学向けの教育を受ける道は閉ざされる。そして一五歳時点での、主に成績による強いられた選択の結果が、その後の人生を決定づける。

産業構造が単純で変化に乏しかった時代ならいざ知らず、いまの時代で一四歳や一五歳の生徒たちすべてに、将来の職業や活動分野を選択させるというのはとうてい無理な話である。しかし、一度進学先が決まってしまえば進路選択の幅は大きく狭められる。一四歳や一五歳の時点での学業成績は、その生徒の将来にわたっての学業成績に一致するわけではないし、ましてやさまざまな職業的能力を占うものでもない。にもかかわらず、この時点で進路選択の自由は奪われてしまうのである。そしてこのことが、将来の進路について十分な情報を得ることの難しい下層階級の出身者の進学可能性を、さらに狭めている可能性は高い。高校入試がメリトクラティックな性格のものだとしても、この問題は消えない。

さらに現行の高校入試は、中卒者の進路選択の自由をも制約している。人は学んだことを次第に忘れるから、一度社会に出て、経験を積んだのちに高校を受験するというのは、合理的な選択ではない。少しでも上位の高校に入学したければ、中卒と同時に高校に進学するのがいちばん有利だからである。日本の教育は「年齢主義」（矢野 1996）に支配されているといわれるが、このことは競争的な高校入試、そして大学入試の存在と無縁ではない。これは社会的にみても、膨大な才能の浪費をもたらしている可能性がある。

(2)地域コミュニティの侵蝕

高校教育の階層的構造と、そのなかで行なわれる競争的な高校入試は、地域コミュニティの基盤を崩壊させている。それは、次の理由からである。

大都市部では中学受験が一般化しつつあるが、大部分の子どもたちは依然として、中学までを地域の学校で過ごす。ところが高校進学を境に子どもたちは地域から断ち切られ、自宅から遠い高校の、学力や進路の別によって選別された同質の集団のなかに置かれる。地域社会でつちかわれた同年齢どうしの社会関係は、この時点で寸断される。このように高校入試は、地域社会からの離脱の第一歩なのだ。

学校五日制は子どもを家庭と地域に返すものだ、といわれた。しかし高校生たちは、家庭はともかくとして、地域社会には帰ってこない。すでに地域における社会関係を断ち切られているからだ。本来、ハイティーンから二〇代の時期が、地域社会への関心の薄れる時期であることは否定できないが、高校教育の構造がこれを助長していることもまた確かだろう。このような状況下では、若者たちに、地域社会への愛着をもち続けさせるのは難しい。これは、今後の地域コミュニティ形成の観点からも大きな問題である。

大都市部では、問題はさらに大きい。「東京人」というコトバがあるが、これはまさに、地域社会から遊離した抽象的「都民」を表現するものである。「東京人」たちは、自分の住む町にはいっさい関わりをもたず、定期的に東京の他の地域、たとえば月島や谷中に出かけることによって、自分の住み家の周辺にない生活文化を呼吸し、そのことで疑似的に関係欲求を充足させる。つまり、コミュニティ的なるものへの欲求充足のための専門化された地域や制度が、東京には準備されているのである。生活上の必要を専門機関による専門処理によって充足するのが都市的生活様式であるとするならば（倉沢 1987）、これはまさに都市的生活様式の完成形態とでもいえよう。ここには都市コミュニティ形成の契機が失われている。

生徒たちは、入試難易度にもとづいて東京全域の高校から進学先を決めていく。希望が生かされるだけの学力に欠ける若者たちは、その後の空席に配当される。こうして高校生たちは、自宅から遠く離れた高校へ長時間をかけて通学することになる。クラスメイトの居住地はばらばらであり、交遊の場は高校周辺か都心に求められるほかない。こうして生徒たちは「東京人」になる。このような教育の空間的構成から、都市コミュニティ形成の主体が生まれてくるとは考えにくい。

5　学校選択の自由から進路選択の自由へ

(1)「学校選択の自由」の矛盾

「学校の個性化」と「学校選択の自由」は、一九九〇年代以降、教育政策の基本原則の一つとされるようになった。各学校が競い合って個性的な教育を行ない、保護者と子どもは、そのなかから自分にふさわしい学校を選ぶ。それは一見したところ、学校教育の理想的な姿のようにもみえる。実際私たちは、同じようにデパートやブティック、レストランや居酒屋を選んでいるではないか。しかし、学校はこれらのケースとは根本的に異なる。というのは、学校教育は小売店とは違って、トラッキング・システムだからである。

トラッキング・システムとは、いったんある進路を選ぶと、後戻りのきかないシステムである。いったんあるデパートを選んで買い物をしたとしても、その後ずっとそのデパートで買い物をしなければならないということにはならない。買ってみて気に入らなかったら、また自分の好みが変わったら、別のデパートへ行けばよい。しかし学校教育では、いったんある学校に入学してしまうと、将来にわたって決められた範囲の教育しか受けられなくなる可能性が高い。しかも最初に入学する学校自体、まったくの自由な選択によるものではなく、経済力や学力に規定されているのだ。

そもそも、なぜ「学校選択の自由」が必要なのか。それは、生徒が自分の個性に見合った多様な進路を選択することを可能にする、つまり「進路選択の自由」を保証すると考えられたからであろう。背後に、「エリート進学校を選ぶ自由」、ひいては「エリート進学校の復活」という動機が伏在していたとしても、建前的にはそうである。

ところが普通科―職業科の別と入試難易度によって序列化された学校間格差の構造、それに現行の入試制度は、「学校選択の自由」と「進路選択の自由」が背反するという結果を生みだした。こうして一五歳時点での、主に成績による強いられた選択の結果が、その後の人生を決定づける。学校選択が小中学校にまで広げられるならば、その時期は一五歳からさらに一二歳へ、そして六歳へと低下していくだろう。

その結果、出身階級と進学先、そして将来の所属階級の対応関係が強められる。教育機会の不平等は拡大し、階級構造の閉鎖性が高まる危険は大きい。その上、高齢化社会を迎えてますますその役割を期待される地域コミュニティは、子どもたち・若者たちという、その死活的な資源を失ってしまうのである。

(2)「潜在能力の平等」と「選択の自由」

「選択の自由」と「機会の平等」の関係を、卓抜な構想で理論化したのは、インドの経済学者、アマルティア・センである。その基本的なアイデアは、「潜在能力の平等（equality of capability）」である。

彼は、人々が財をもってなしうることを「機能（functionings）」と呼び、人々が選択できる機能の集合を「潜在能力」

と呼んだ。「潜在能力」とは、わかりやすくいいかえると、「人が福祉を実現できる自由度」のことである。人々の間には、生育環境や身体的条件など、自分ではどうすることもできない多くの差異がある。こうした差異によって、人々が選択できる人生の範囲が大きく異なるとしたら、それは不平等としかいいようがない。ハンディを背負った人々には、より多くの教育や資源が与えられなければならない。こうして実現されるのが、「潜在能力の平等」である（Sen 1985＝1988:2-6,21-26）。

「潜在能力の平等」は、人々に画一的な平等を押しつけるものではない。潜在能力はあくまでも、可能であることの集合であり、人々の選択できる範囲を示すものである。したがって人々は、同じ「機能」を選択するわけではない。人々は平等な潜在能力を保証された上で、それぞれの選好に従って「機能」を選びとる。つまり人々には、選択の自由が開かれている。自由に任されている以上、結果的には人々の間に福祉の格差が生じることになる。ある人は、他のすべての「機能」を投げ捨てて、非現実的な夢を追い続けるかもしれない。ある人は、あえて清貧の道を選ぶかもしれない。しかしそれは、本人の選択の結果だから正当化される。このように「潜在能力の平等」とは、「機能」を達成する機会の平等のことであり、特定の「機能」や福祉の水準を押しつけるものではない。こうして人々には、人生を選択する平等な自由度が保証される。それは、形式的にすべての人に門戸が開かれているといった意味での「機会の平等」でも、すべての人に同一の結果が保証されるという意味での「結果の平等」でもなく、すべての人々に広い人生の選択肢が保証されるという、真の意味での「機会の平等」だということができる。

仮にこうした意味での「機会の平等」に合意が得られたとしたら、これに適した高校教育のあり方は、どのようなものになるだろうか。高校に入学するチャンスに格差があってはならない。入学試験は廃止されるか、最低水準のみを要求する非選抜的な試験とされなければならない。トラッキング・システムは解体される必要がある。一つの高校に、高度にアカデミックなもの、一般教養的なもの、職業に役に立つもの、趣味を通じて人生を豊かにするものなど、あらゆる授業が用意されるとともに、生徒たちはこれらに対する可能な限りの選択の自由と、選択のために必要な十分な情報が与えられなければならない。そしてすべての生徒、とくにハンディを背負った生徒は、その意志に従って、大学に進学するだけの能力を身につけるために必要なサポートを与えられなければならない。

日本の教育政策はこれまで、「選択の自由」と「画一的平等」の二者択一を前提とした議論に終始してきた。しかし理論的には、このような二者択一はとっくの昔に克服されている。必要なのは、改革の目的と基本原則についての十分な検討と合意形成、そして、そのために必要な改革は、たとえ一見したところ自分の好みに合わないものでも受け入れるという、知的な誠実さと寛容さである。

第八章　高校教育の社会的位置の変遷と高校教育改革

1　はじめに

高校教育改革は、大学改革と並んで、今日の教育改革の焦点である。とはいっても今のところ、総合学科の設置や単位制への転換など目立った改革が行なわれたのは、全国に五五〇〇校を数える高校のうちごく一部であり、その影響力は微々たるものである。しかしやがては、日本の高校教育の姿を大きく変えていくだろう。それではこうした改革は、日本の教育に、そして社会に、何をもたらすのだろうか。

ここで私が試みるのは、高校教育改革の事前影響評価（アセスメント）と、それにもとづく提言である。その際に注目するのは、高校教育の社会的位置の変遷である。ここで高校教育の社会的位置というのは、高校教育の社会的インプット（入力）とアウトプット（出力）に関する概念である。社会的な視点に立てば高校教育は、さまざまな社会的背景をもった生徒たちを受け入れて、一定の教育を与えたのちにさまざまな進路へと送り出す、インプット―アウトプット・システムとみることができる。このインプットとアウトプット――どのような生徒たちをどのような進路へと送り出すのか――に、高校教育の社会的位置が表現されるのである。そして結論を先取りするならば、こうした作業を通じて私は、次のように主張するつもりである。

①高卒就職者の職種は、学歴間代替の進行によって専門技術職と男性事務職が減少し、全体として準ノンマニュアル・マニュアル・女性単純事務職に、すなわち労働者階級に純化してきた。これと同時に学科間の差異も縮小し、現行の学科区分を維持する必然性は低下している。

②日本の高校教育の最大の特徴である高校間格差の構造は、一部のエリート大学への進学を除けば高等教育への進学にマイナスに作用している。また、高等教育機会の平等にもマイナスに作用している。

③したがって総合学科の設置によって学科の区分を解消させる方向に近づけようとする改革の方向は、高卒労働市場の変化の趨勢に適合的なものであるといえる。また、これが文部省等の主張通りに高校間格差の縮小につながるものならば、教育機会の拡大と平等化にも寄与する可能性がある。

④しかし同時に進められている個性的な高校・学科の設置という方向は、総合学科とは正反対に作用するものである。個性化・多様化を理由に各地で進められている高校入試制度の改変も、高校間格差を拡大するという意味で改革に逆行している。

⑤総合学科と、高校入試制度の抜本的改革を機軸として、高校教育政策全体の見直しを図るべきである。

2　高校教育改革の目標

現在進行中の高校教育改革に直接のレールを敷いたのは、文部省の設置した「高等学校教育の改革の推進に関する会議（以下「改革推進会議」と略記）」だった。「改革推進会議」は一九九二年から九三年にかけて全部で四つの報告を発表し、その多くはかなり迅速に実行に移された。

一連の報告は、やや大雑把であいまいな部分を含みながらも、改革の目的あるいは背景について言及している。それによると高校教育改革が必要となったのは、第一に「国際化、情報化、高齢化の進展」などの社会の変化、第二に生徒の多様化、第三に両者を背景とした進路選択時期の遅延によるものである。そしてこうした変化に対応するために、多様な生徒に応じた柔軟な高校教育を実現し、社会変化に主体的に対応できる人間を育成することが必要だ、とする。ここから導かれるのが一連の高校教育改革、とりわけ単位制高校と総合学科の設置であり、これらは高校間の序列・格差の緩和にもつながるものとされている。

これらの報告に関して私は、次の二点に注目しておきたい。それはこれらの報告が、第一に普通科と職業科の区分を、学校間の序列を生みだすとともに生徒の進路選択に柔軟に対応できないとして、否定的にとらえていること、第二に生徒の進路選択時期の遅延という現状をむしろ肯定的にとらえ、高校進学後の進路選択の幅を広げる方向が打ち出されていること、である。この二点が注目に値するのは、これらがいずれも戦後新制高校の基本理念に関わるのみならず、中等教育の構造の根幹に関わる問題を含んでいるからである。

中等教育は、教育体系のなかで最も難しい問題をはらんだ学校段階である。それは中等教育が、進学準備教育と完成教育の二つの機能を構造的に割り当てられているからである。高等教育へ進学する生徒に対しては進学準備教育を、就職する生徒に対しては社会人としての完成教育を。この二つの機能を同時に果たさなければならないところから、中等教育は二つの構造的課題を抱えることになった。

第一に将来の進路に対応した中等教育の分化をどの程度まで進めるか。第二にこの分化をどの時期から導入するか。前者の問題は、たとえば中等教育を複線型にするか単線型にするか、単線型にするとしても、そのなかにどの程度の学科区分やカリキュラム・トラッキングを導入するか、さらには高校間の序列・格差をどう考えるかといった問題を含む。後者についていえば、中等教育への進学の時点から、高等教育進学直前までのタイム・スパンがある。そして「改革推進会議」はこの二点に対して、第一に分化の程度は弱められるべきであり、第二に分化の時期は遅らせたほうがよいとの判断を示したのである。

この認識はやがて、文部省全体に共有される。そして一九九四年度の『我が国の文教政策』には、プライドが高く自分の失敗を容易には認めようとしない文部官僚には珍しく、次のように率直な反省が語られていた。

……やはり、二学科制の下では生徒の学習の選択の幅を拡大することについては一定の限界があった。普通科には普通教育を主とする学科としての目的があり、専門学科のうちほとんどを占める職業学科には職業教育を主とする学科としての目的があるので、たとえば、普通科において職業に関する多様な教科、科目を生徒に提供することや、職業学科において普通教育に関する多様な教科、科目を開設することは困難であった。

このことは、普通科における就職希望者や職業学科における進学希望者への対応が不十分となっていることなどの問題を生みだしてきた。

また、普通科は進学、専門学科のうちほとんどを占める職業学科は就職という固定的な考え方に結びつけて評価されがちで、学校間の序列化を進め、それがひいては偏差値偏重の進路指導などの問題を生じさせる一因にもなっていた。（文部省 1994）

これはやや遅きに失したとはいえ、注目に値する指摘である。これまで日本の高校教育は、表向きは単線型システムの形をとりながら、実際には普通科―職業科という事実上の複線型システムとして機能してきた。しかも普通科内部には厳しい序列が存在している。これらが全体として、日本の高校教育の最大の特徴である階層的構造を生みだし、高校進学をめぐる厳しい競争の構造を成立させるとともに、ある種のトラッキング・システムとして生徒の進路をかなり早期から強く枠づけてきた。文面通りに読めば「改革推進会議」の一連の報告、そして『我が国の文教政策』は、こうした日本の高校教育の基本構造そのものを修正すべきだとしたのである。

3　高校教育改革の評価基準

それでは、分化の程度の緩和と分化の時期の遅延という二つの改革目標は、どのような社会的結果をもたらすのだろうか。また改革の結果は、何を基準として評価されるべきだろうか。「改革推進会議」の論理に従えば、改革は「国際化、情報化、高齢化の進展」といった社会の変化に対応するために行なわれるのであり、その対応度によって評価されるということになろう。しかしこれは、官庁が自らの施策を正当化する際に常用する枕詞ともいうべきもので、評価基準としてはあまりにもあいまいかつ一般的に過ぎる。

そこで私は、これに代わる評価の基準として、第一に高校教育と新規高卒労働市場の整合性、第二に高等教育機会の拡大と平等性、の二つを設定したい。前者は高校教育のアウトプットに関わる問題であり、後者は高校教育へのインプットとアウトプットの相互関係に関わる問題である。また、前者は主に高校教育の完成教育としての側面に関わっており、後者は準備教育としての側面に関わっている。

高校教育と新規学卒労働市場の整合性を考える際に最大の問題となるのは、高校教育の学科区分と将来の進路との間に整合的な関係があるかどうかである。ここで思い出されるのは、一九六〇年代に進められた「高校多様化」政策であろう。この時期、各地で職業科の多様化が進められ、多様で細分化された職業科が数多く設置されたが、期待されたような効果を得られないままに次々に廃止され、もとの大きな学科区分へと改組されていった。その最大の理由は、細分化された職業科に対応する、細分化された専門性の高い高卒労働市場が存在しなかったことにあった（乾1990）。今回の高校教育改革を考える場合でも、現行の普通科と職業科、あるいは職業科内部の農・商・工などの学科区分が、労働市場との間に何らかの関係を保っているかどうかが問題とされなければなるまい。

高校教育の構造と高等教育機会の関係では、高校教育の階層的構造が高等教育機会とその構造にどのような効果を及ぼしているかが重要である。高校間格差の構造が高等教育機会を拡大させているのか縮小させているのか、また機会の平等にプラスに働いているのか、マイナスに働いているのか、という問題である。

理論的に考えれば、高校間格差が大きい場合には全体として高等教育機会が抑制され、またその不平等も拡大される可能性が高い。一般に高校間格差は、カリキュラムや学校文化の違いを通じて生徒の進路意識や学力の差を拡大させる傾向がある（第七章参照）。そのため高校に進学した時点で、高等教育への進学の可能性は限られた生徒たちだけのものになってしまう。これに対して高校間格差が小さい場合には、進学と就職の間で揺れ動く学力中位層も、最後まで進学の可能性を残すことができる。

他方、中学時の成績は出身階級・階層と強く関連しており、出身階級・階層の高い生徒は上位の高校に、低い生徒は下位の高校に集中する傾向がある。前者は大学進学の可能性を高められ、後者は低められる。こうして、教育機会の階級・階層差は拡大されることになるのである。同様に高校間格差の構造は、女子の高等教育機会、とくに四年制大学進学機会を制限している可能性が強い。女子は、成績にかかわらずトップの進学校よりは中間的な高校に進学することが多く、そのためトップ校と他校の格差が大きい場合、女子は四年制大学への進学において不利になると考えられるからである。このように機会の平等にマイナスに作用する以上、高校間格差は全体として、高等教育機会を縮小させているとみるほうが自然であろう。

実はこの高等教育機会の平等性という問題は、日本におけるこれまでの教育研究と教育改革論議の、最大の欠落点であった。欧米の教育研究をみて強く印象づけられるのは、多くの場合、研究の焦点が共通の問題、すなわち教育機会の平等性という問題にあてられていることである。この場合の平等性は、階級・階層間の平等性、人種・民族間の平等性、男性と女性の間の平等性などを含んでいる。そして教育改革の主要な目標も、この点に置かれていることが多い。ところが日本の教育研究や教育改革論議では、教育機会の平等というテーマが重要問題として取りあげられることが少なかった。こうした欠落を補うためにも、教育機会という視点からの高校教育改革の事前影響評価を分析の焦点に置きたいのである。

それでは以上二点について、実証的な検討を加えることにしよう。

4　高卒就職者の社会的位置の変化

大学進学率が上昇しても、専門技術職のような大卒者向きの職業に就く機会がこれに見合ったペースで拡大すれば、大卒者の職業構成は変わらないはずである。しかし実際には、進学率は職業構造の変化を大きく上回るペースで上昇してきた。そのため、以前は高卒者が就いていた職業に大卒者が、中卒者が就いていた職業に高卒者が就くようになるといった変化が生じた。このような変化のことを、労働力の学歴間代替という。学歴間代替が進行すると、新規高

図表 8・1　新規高卒就職者の職種構成の変化

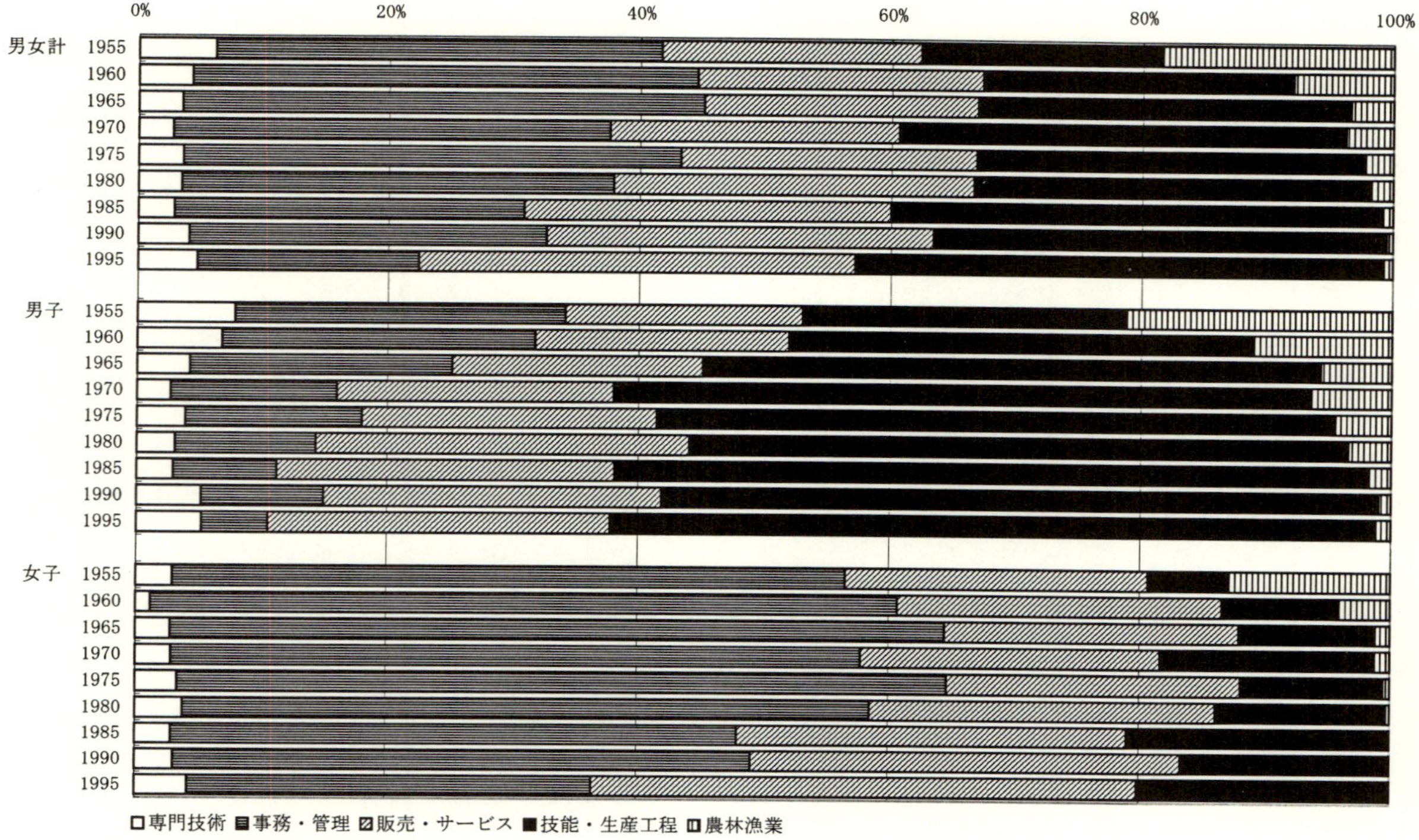

＊『学校基本調査』各年度による。

卒者は職種構成を大きく変化させ、その社会的位置をシフトさせていくことになる。

図表8・1は、新規高卒者就職者の職種構成の変化をみたものである。まず男女計でみると、農林漁業の比率が急速に減少して一九七五年までにゼロに近くなり、ほぼこれに相当する分、マニュアル労働者（技能・生産工程）の比率が増加している。しかしこの間、専門技術と事務・管理を併せたノンマニュアルの比率は約四割、準ノンマニュアル（販売・サービス職）の比率もほぼ二割と一定で、農林漁業をマニュアルに含めるならば、ノンマニュアル、準ノンマニュアル、マニュアルの比率はあまり変化しなかったことになる。これに対して七五年から九五年にかけては、ノンマニュアルの比率が減少し、準ノンマニュアルとマニュアルが大きく増加している。これは、ノンマニュアルにおいて高卒者が大卒・短大卒者に代替されたからである。こうしてみると、高卒労働者の社会的位置は、一九七五年頃に一つの転換点を迎えたということがわかる。

しかし職種構成の変化は、男子と女子でかなり異なる経過をたどっている。男子ではむしろ、一九七五年までの変化のほうが大きい。五五年の男子では専門技術職や事務職もかなりの比率を占め、現在は大卒者にほぼ独占されている職業に、男子高卒者が一定のシェアを確保していたことがわかる。ところが七五年になるとこれらの比率が大きく減少し、準ノンマニュアルとマニュアルが大部分という現在の構成に近くなる。女子では、七五年までむしろ事務職の比率が増加し、そのあと事務職が急速に減少して準ノンマニュアルの比率が激増する。現在でも事務職は一定の比率を占めるが、その減少傾向は著しい。

ただし高卒女性事務職は、管理職への昇進機会をもたない単純事務職がほとんどであり、男性事務職とは明確に区別される。したがって男性・女性それぞれの変化を合算すれば、高卒者は七五年頃までに、準ノンマニュアル・マニュアル・女性単純事務職という現在の構成にたどり着いていたとみることができる。このことが重要なのは、この三者が労働者階級の範囲に完全に一致するからである。つまり、学卒時の職種構成からみる限り、高卒者は七五年以前には一定部分が新中間階級に参入していたが、それ以後になると労働者階級に純化した。高卒者は五五年から七五年にかけて急速に「プロレタリア化」し、労働者階級としての社会的位置を確定された。こうして高卒と大卒の違いは、文字通りに「階級の違い」となったのである(1)。

5　学卒労働市場における各学科の位置

こうした過程で、各学科もまたその性格を変えてきた。**図表8・2**は、新規高卒就職者の職種構成の変化を学科ごとにみたものである。最も劇的に変化したのは農業科で、農林漁業の激減と、これに対応した準ノンマニュアルとマニュアル、とくにマニュアルの激増が目を引く。普通科の卒業者では、五五年にはかなりの部分が事務職に就いていたが、後にはこれが大幅に減少し、準ノンマニュアルとマニュアルの比率が大幅に増えている。工業科では、五五年には約四分の一を占めていた専門技術の比率が大幅に減り、準ノンマニュアルとマニュアルが増えた。この結果、普・農・工の三学科の卒業者には、工業科でマニュアルの比率がやや多いなど多少の差異はあるとはいえ、職種構成にあまり大きな違いがみられなくなり、一様に労働者階級へ純化してきたということができる。これに対して商業科では、かなり減りはしたものの依然として事務職の比率が大きい。しかし準ノンマニュアル・マニュアルの比率も増えていること、高卒事務職の大部分が女子単純事務職であり、労働者階級の一部とみなすことができることを考えれば、他学科との間に本質的な違いがあるとはいえなくなっている。要するにこの四〇年間に起こったのは、職種の面からみた各学科の独自性の減少であった。

図表8・2　学科別新規高卒就職者の職種構成の変化（男女計）

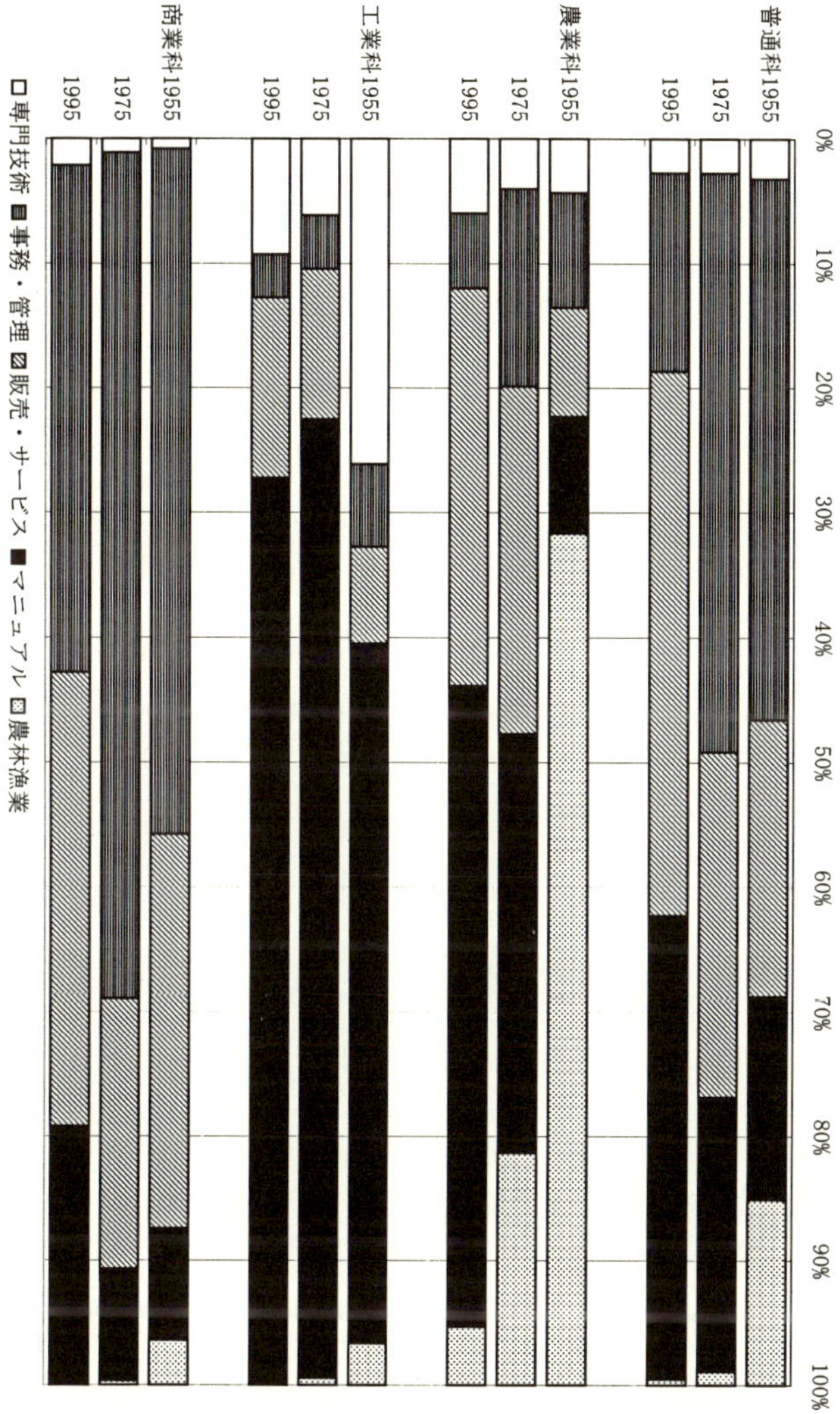

＊『学校基本調査』各年度による。

これをさらにはっきり示すのが、**図表８・３**である。これは普・農・工・商の四学科を卒業して就職した者の学科による職種構成の違いを、クラメールのＶ係数という統計量で年度ごとに示したものである。この係数は、学科と職種の関連が強いほど大きくなり、まったく関連がない場合に〇、関連が最大限に大きい場合に一の値をとる。係数は時を経るごとにほぼ一様に減少している。職種と学科の関連は、一貫して弱くなってきたのである。

一九六〇年代まで、高校の各学科は、それぞれ労働市場に独特の地位を占めていたとみることができる。普通科は現在の大卒ホワイトカラーに相当するような男性事務職を、工業科は専門技術職を一定程度輩出していた。また工業科卒業生のマニュアル職比率、商業科卒業生の事務職比率、そして農業科卒業生の農業比率は、他の学科に比べて際立って高かった。確かに現在でも、工業科はマニュアルの比率が大きく、商業科ではとくに女子で事務職の比率が大きいといった違いはあるが、労働者階級、すなわち準ノンマニュアル・マニュアル・女性単純事務職を輩出するという共通性のほうが大きくなり、各学科の独自性は薄れてきたのである。

図表8・3　学科と職種構成の関連性の推移

1955 年	0.4519
1960	0.4673
1965	0.4432
1970	0.4283
1975	0.4050
1980	0.3679
1985	0.3257
1990	0.3154
1995	0.2959

＊数字はクラメールのＶ係数。

6　高校教育の階層構造と高等教育機会

次に、高校教育の階層的構造と高等教育機会の関係について検討しよう。分析に使用するのは、都道府県別の進学率、高校教育の特性、社会経済的背景に関するデータである。

進学率に関する従来の研究では、各地域の大学進学率は、高校教育の特性と並んで社会経済的要因にも影響されることがわかっている。そこで高校教育の特性の影響力を示すためには、これを社会経済的要因の影響力から分離して示す必要がある。そこで重回帰分析という手法を用い、それぞれの影響力を分離して示したのが、**図表8・4**である。数字は標準化偏回帰係数で、数字が大きいほど影響力が強いことを示す。

ここでは高校教育の階層的構造に関わる変数を二つ用いている。「総合選抜ダミー」は総合選抜(2)実施県に一、他県に〇を与えたもので、この係数がプラスならば総合選抜制度が進学率にプラスに作用することを示す。「格差指数」は牟田(1986)が算出したもので、各県内の高校の間に進学率の格差がどの程度あるかを示したものである。この係数がプラスならば、高校間格差が大きいほど進学率は高くなることになる。「学区校数」は一学区当たりに平均で普通科がいくつあるかを示すもので、この係数がプラスならば、学区が大

図表 8・4　各種進学指標の回帰分析結果

	総合選抜	西日本	格差指数	県民所得	一次産業	DID人口比率	学区校数	ホワイトカラー比率	大学短大収容力	大学収容力	決定係数
大学短大進学率・全体	0.128 (1.82)	0.215 (2.66)	−0.279 (−3.14)	0.513 (4.14)	−0.321 (−2.46)	−0.545 (−4.69)			0.388 (3.34)		0.83
大学短大進学率・男子	0.168 (2.11)		−0.167 (−1.73)	0.396 (3.04)	−0.400 (−2.68)	−0.394 (−2.96)			0.366 (2.83)		0.77
大学短大進学率・女子		0.326 (4.06)	−0.392 (−4.41)	0.522 (4.21)	−0.273 (−1.81)	−0.678 (−5.94)			0.445 (3.95)		0.82
大学短大進学率男女比		0.387 (3.20)	−0.408 (−2.99)			−0.428 (−3.23)					0.43
東大京大合格率		0.298 (2.67)	−0.214 (−1.77)							0.502 (4.28)	0.50
エリート大学合格率						−0.546 (−2.97)	0.288 (2.99)	0.724 (4.40)		0.527 (3.63)	0.64

＊数字は標準化偏回帰係数、(　)内はt値。斜線部を除く全変数を用いたステップワイズ法による。p＜0.1で投
p＞0.2で除外。空白部は係数が有意にならないことを示す。

＊「エリート大学合格率」は、旧帝国大学と早大・慶大への合格者が18歳人口に占める比率、「大学短大進学率
女比」は男子の進学率に対する女子の進学率の比率、「西日本」は京都・滋賀・奈良以西に1、他に0を与えた
ミー変数。「県民所得」は一人当たり県民所得。「一次産業」は第一次産業人口比率。「DID人口比率」は人口集
地区人口比率。「ホワイトカラー」は就業者中のホワイトカラー比率。「大学(短大)収容力」は18歳人口に対す
県内大学(短大)入学者数の比率。データの年度は1986–94年である。

きいほど――その場合は一般に、学校の成績による「輪切り」が厳しくなる――、進学率が高くなることを示す（他の指標については、表の下部を参照）。

結果はかなり歴然としている。格差指数の影響はほぼ一貫してマイナスであり、高校間格差の存在は進学率にマイナスに作用していることになる。とくに女子の進学率に対する影響は大きく、高校間格差はとくに女子の進学率を抑制することがわかる。総合選抜制度は、進学率全体、とくに男子の進学率にプラスに働く。学区校数は一般に、進学率には影響しない。唯一の例外はエリート大学合格率で、わずかながら学区校数が多いほうが合格率が高くなる傾向が認められる。総じて明らかなのは、高校間格差を作らないほうが進学率は高くなるということである。また高校間格差を作らないほうが、女子の進学機会を保障しやすいということもかなり明らかである。一部のエリート的大学についてはこの限りではないが、仮にエリート大学への合格者が増えることを期待して高校教育の階層的構造を強めるとすれば、その代償として多数の生徒たち、とくに女生徒たちから、大学進学の機会を奪うことになる。

7　高校教育政策全体の見直しを

以上の結果から、分化の程度の緩和と進路分化時期の遅延という改革目標に対して、次のような評価を下すことができよう。第一に、総合学科によって高校教育の分化の程度を弱めるという改革の方向は、高校教育の社会的位置の変遷の趨勢に基本的に合致しているといっていい。高卒就職者たちの進路を考えれば、職業科の内部を細分する必然性、さらには普通科と職業科を分ける必然性は、明らかに減少している。第二に、分化の程度の緩和と進路分化時期の遅延が、「改革推進会議」の主張するように高校間の序列・格差の縮小につながるならば、高等教育機会の拡大と不平等の是正も期待できる。したがって今回の高校教育改革の方向性は、基本的には間違っていないといってよい。

ただし、重大な問題が残る。それは分化の程度の緩和と分化の時期の遅延、ひいては高校間の序列・格差の緩和という改革目標が、効果的に実現されるかどうかという問題である。総合学科はまだ少数にとどまっており、拡大のペースもあまり早くない。しかも現時点では、分化の程度の緩和と分化の時期の遅延という改革目標と正反対の効果をもつ高校教育政策や高校教育「改革」が、依然として継続している。それは第一に「個性的な高校・学科」の設置、第二に「高校入試の個性化・多様化」、第三に選抜的な高校入試制度である。

「個性的な学校・学科」の拡大は、進学先の決定の時点で受ける教育の内容を決定づけられ、変更がききにくいという意味で、むしろ分化の程度を強め、進路決定時期を早める方向性を含んでいる。これに対応して高校入試が「個性化・多様化」されるならば、現在すでに一部の地域にみられるように、カリキュラム・トラッキングの開始が中学在学時にまで引き下げられ、中学教育の受験準備教育化が進行する危険がある。

そもそも高校教育の階層的構造の基盤にあるのは、選抜的な高校入試制度である。一学区の内部に多数の普通科が設置され、各高校が単独で募集・選抜を行なっている現状では、高校間の序列・格差の緩和は絶望的に困難である。しかも近年、各地で総合選抜の廃止や学区の実質的拡大など、高校間の序列・格差を拡大するような高校入試の改変が相次いでいるのが実状である。「改革推進会議」は総合学科の設置によって序列・格差の緩和が期待できる、とした。しかし選抜制度そのものに手をつけずに序列・格差が緩和できるという見方には大きな疑問がある。

設備やスタッフなどの制約はあるが、総合学科は複数の学科や高校と同等の機能を備えることのできる学科であり、小学区制や総合選抜に適合的である。総合学科の新設によって、普通科と職業科を区分したり、学区内に生徒の進路の違いによって序列化される多数の普通科を置く必然性は、大幅に減少したとみるべきである。

一九九六年五月、全日本中学校長会は、公立高校の入試を廃止し、高校内での授業選択や入学後の進路変更によって自由に希望する教育を受けられるようにするという、画期的な入試改革・高校教育改革を提言する報告書をまとめた。ながらく「理想論」「非現実的」とみなされてきた高校入試の廃止と総合制の導入も、機が熟してきているのかもしれない。総合学科による分化の程度の緩和・進路決定時期の遅延を基本として、高校政策全般を見直すべき時期にきているのではないだろうか。

第九章　階級社会日本の大学教育

1　日本の社会科学の二つの空白

教育という社会領域は、日本の社会科学の空白地帯である。単に就学率・進学率が高いというだけでなく、それが全社会的に及ぼしている影響という点でも、教育が現代日本社会に占める位置は大きい。にもかかわらず教育はこれまで、社会科学的な研究の対象とされることが少なかった。このために日本の教育政策は、常に政財界人の思いつきと官僚の技術論ばかりに支配されてきた。またこれに反対する側も、説得力ある批判を提示できないことがしばしばだった。これは、教育が社会科学の中心テーマとみなされ、社会科学的な論争が政策形成に大きな役割を果たしている欧米諸国とは、きわめて対照的である。

なぜ、このようなことになるのか。最大の原因の一つは、教育研究は「教育学者」がやるものだというのが共通理解となっている上に、教育学者たちの多くが「教育学部」という特殊な学部に所属して別の世界を形成し、他分野から遮断されていることだろう。確かに社会学的な装いを凝らした研究もあるにはあるが、その多くは社会経済状況についての多少の言及をともなった教育時評、あるいは歴史的・数量的データの集積の域を出ておらず、およそ社会科学的な研究というにはほど遠い。そして社会科学の研究者たちは、教育研究は自分たちの仕事ではないと考えて手を出さないのである。

しかし、原因はそれだけではない。ここには、日本の社会科学のもう一つの空白が関係している。それは、「階級」という概念の軽視ないし無視である。今日の日本の社会科学で、階級という用語が使用されることは非常に少ない。使用される場合があったとしても、その大半は学説史的検討か、海外の研究の紹介・検討においてであり、現代日本社会に関する記述のなかで階級という用語が使用されることはまれである。近代社会科学の基本概念の一つであり、「社会学の唯一の独立変数」（アーサー・スティンチコム、Wright 1979 に引用）とも評される階級が、日本ではほとんど死語と化しているのである。最近では、長期不況と市場中心主義の蔓延による経済的・社会的格差の拡大が注目を集め、マスコミ等では階級というコトバをときおり見かけるようになったが、それでも基本的な状況に変わりはない。

階級の軽視が、なぜ教育研究の軽視につながるのか。それは階級こそが、教育を他の社会領域と結びつける最も基本的な要因であり、教育を社会科学的に把握するためには階級という概念が不可欠だからである。このことは、近代社会において学校教育が占める構造的な位置を考えてみれば明らかである。

2　学校教育の構造的位置

近代資本主義社会では、生産が社会的生産として組織され、かつては家族と一体化していた生産組織が企業として独立する。生産機能を失った家族は、再生産の場へと純化する。こうして市場経済領域において生産を担う企業と、市民社会領域において再生産を担う家族が、経済的な交換関係を通じて結びつくという、近代資本主義社会の骨格が成立する。しかし、ここで問題が生じる。商品としての労働力の特殊性は、資本主義的生産様式の内部では再生産できないというところにある。労働力を再生産するためには、他に再生産のメカニズムが必要なのである。その主要な場が家族であることはいうまでもない。しかし生産から分離された家族は、労働力の再生産を自動的に保証するものではない。資本主義以前の農家や家内工業であれば、子育てがそのまま、労働力の再生産でありえた。子どもたちは物心ついたころから家業を手伝い、自然に労働力として成長していった。ところが近代産業では、そうはいかない。近代産業における労働は、独特の規律とリズム、特殊な技能を要求するものであり、こうした労働に適した労働力は、家族のなかから自然に生みだされてくるわけではない。それでは、労働力はいかにして再生産されるのか。

いくつかの模索を経て、この課題を一手に担うようになったのが、学校教育制度であった。学校という制度は、その空間構成、作業のリズム、要求される行動様式などの点で、奇妙なほど工場に似ている。ここから生みだされるのは、近代産業に求められる特殊な労働様式を身につけた労働力である。こうして、家族で生み育てられた子どもが学校教育を経て企業に参入するというルートが成立し、生産と再生産の分離にともなう労働力の再生産障害は克服される。

しかし近代資本主義社会は、階級的に分化した社会である。子どもたちは、同じ階級的背景をもつわけではないし、学校を出たあとの行き先も同じではない。またそれぞれの階級は、それぞれ異なる労働過程によって特徴づけられており、そこに求められる労働力の質は一様ではない。したがって学校は、さまざまな階級から子どもたちを受け入れ、彼ら・彼女らが将来所属することになる階級にふさわしい準備を与えた上で、それぞれの階級へと送り出さなければならない。これが、学校教育の基本的な構造的位置なのである。

こうして教育の社会科学的研究は、三つの基本課題をもつことになる。第一に、それぞれの階級の出身者は、どのような種類の教育を、どれくらいの期間にわたって受けるのか（教育機会の階級差）。第二に、学校はどのようなメカニズムを通じて、各階級に適合的な労働力を育成するのか（労働力の再生産）。第三に、各人が受けた教育の種類と期間は、どのように、またどの程度まで、所属階級と関係するのか（学歴による階級決定）。このように考えるなら、教育研究には階級という概念が不可欠であり、また教育と階級の関係は資本主義社会の構造と過程に関する研究の中心的対象の一つだということがわかる。

3　学生叛乱の社会的背景

現代日本の教育研究には、教育研究と階級論的な視点を結びつけようとするこのような問題設定がほとんど欠如している。しかしこのような問題設定が社会的な支持を集め、また切迫した現実性を帯びていた時期が、日本にもなかったわけではない。それは一九六〇年代後半、学生叛乱の時代である。学生叛乱の活動家たちが教育制度というものをどのようにとらえていたかをみれば、このことは明らかである。

学生叛乱のさなか、多くの活動家たちが教育制度の体制維持的性格に注目し、これを理論的・実践的に告発していた。フランスの活動家たちは、現行の教育制度の構造は「それ自体、階級に分割された社会の反映であって、一つの階級が文化教養を独占し、それによって民衆から出た生徒が不利になる」と指摘していた（大学情報宣伝組織センター編 1968 = 1969:28）。イタリアでも学生たちは、「学校は、諸階級の分裂を正当化する機関として機能するという意味において、選抜と統合の道具となっている」と主張していた（武藤 1969:357-58）。そして日本でも、学生たちは、「教育の目的は、社会的生産及び再生産を行なっていける能力をさずけるものであり、またもう一面として支配体制を……

発展、強化するイデオロギーを大衆にうえつけることである。／そしてとりわけ大学という最高学府はまさに支配者にとって最高なのであり、高級な労働能力・強固なイデオロギーをもった人間、つまりブルジョアジーに積極的に彼らの側について奉仕する人間を作るものとしてあるのである」と主張していた（日大全学共闘会議 1968:389）。教育は体制維持的であり、階級関係に貫かれ、また階級支配を再生産するものだ――こうした考えが、世界中の若者たちをとらえていたのである。

それだけではない。当時の学生たちは、教育と階級の構造的関係とその変化によって揺さぶられていた。そもそも学生叛乱はなぜ起こったのか。そこにはベトナム戦争や安保・沖縄問題といった政治情勢とは別に、いくつかの社会的背景があった。この点についてはこれまで、おおよそ次の三つが指摘されてきた。

第一の背景は、学生たちの階級社会に対する感性的・理想主義的な反発である。今日でもある程度はそうだが、当時の大学生たちは、同世代の他の若者たちに比べてエリート的な存在だった。そして学生たちは、教育体系の階梯を上っていく過程で他の若者たちとの関係を引き裂かれ、そのことで心に傷を負っていた。学生運動はこの傷への反応であり、かつて関係を引き裂かれた「普通の子どもたち」との連帯を選び、自分たちを引き裂いた親たちに反抗しようとするものなのである（Feuer 1969）。エリート的な地位を予定されたものとしての自己を否定するとともに、エリート養成機関としての大学の解体を主張した全共闘イデオロギーの背景にも、学生たちのこうした経験があったはずである。たとえば、連合赤軍事件で逮捕され懲役二〇年の刑に服した植垣康博の手記『兵士たちの連合赤軍』（植垣 1984）には、小学生から中学生にかけて、近所の子どもたちとの違いに気づき、のちには関係を引き裂かれた辛い経験が、率直に綴られている。

第二の背景は、学生たちの地位低下である。ボールズとギンタスは、一九六〇年代に急進化した学生運動の起源を、学生数の増加とホワイトカラーの「プロレタリア化」の進行に求めている。急速な学生数の増大によって労働市場における大卒者の地位は低下する。この過程で大卒ホワイトカラーは単純事務労働に従事する「プロレタリアート」に転化していく。ホワイトカラーの労働はいまや疎外された労働であり、学生たちの野心を満足させることができない。この両者のギャップによって大学制度の正統性が失われたことが、急進的な学生運動をもたらしたというのである（Bowles & Gintis 1976）。しかし、だからといって学生叛乱が、自分の地位を確保したいという学生たちの不純な動機からはじまったというわけではない。あの五月革命のさなか、フランスの学生活動家たちは、学生の地位が以前よりも低下している事実を指摘した上で、「われわれは、すでに搾取者という未来の役割を保証されてはいない。ここにこそ、われわれの革命的な力の源泉があるのだ」と指摘していた（大学情報宣伝組織センター編 1968 = 1969:190）。つまり学生の地位低下は、労働者への共感の基盤を生みだしたのである。

第三の背景は、大学の大衆化の進行とこれに対する対応の遅れである。トロウによると、高等教育の量的拡大に従って大学生の地位や選抜のあり方には大きな変化が起こるが、これに対して大学の組織やカリキュラムの変化は遅れがちで、両者の間には矛盾が生じ、大学は機能不全に陥る。一九六〇年代の「大学危機」は、高等教育のエリート段階からマス段階への移行にともなう、こうした矛盾の結果なのである（Trow 1973 = 1976）。

これら三点はいずれも、教育と階級の構造的関係とその変化に関わるものである。まず第一に、それぞれの教育段階は特定の階級所属と結びついている。大卒者は被雇用者のなかのエリート的な部分、つまり新中間階級に所属するのに対して、それ以外の者はもっぱら労働者階級に所属する。このように教育制度は、将来の階級所属に従って若者たちを分断する装置なのである。しかし第二に、進学率の上昇は、こうした学歴と階級の対応関係に変化をもたらす。新中間階級の規模に対して大卒者が過大になると、大卒者の一部は労働者階級へ流れ込む。第三に、こうした変化が進むと、大学の構造的位置と役割は変化していく。エリート養成機関だったころの大学組織やカリキュラム、教育方法は、もはや大衆化した学生たちを満足させることができなくなる。ここに、大学改革の必要が生じることになる。このように高等教育の発展は、それぞれの段階において、階級構造との間に独特の緊張関係を生みだすのである。

4　学歴と階級の対応関係

それでは現実に、学歴と階級の間にはどのような構造的関係があり、この関係はどのように変化してきたのだろうか。

図表9・1は、大学進学率（四年制のみ）と新規高卒者・新規大卒者の所属階級の変化を示したものである。所属階級は労働者のみしか示していないが、大卒者はこの間、一貫して、また高卒者も一九六五年以降、ほとんどが非農業に従事しているので、残りの大多数は新中間階級であるとみてよい(1)。

一九五五年の段階では、大学進学率はわずか七・九％。新規大卒者の労働者階級比率は一〇・八％で、大部分が新中間階級になっている。これに対して高卒者の労働者階級比率は五八・〇％で、図表には示していないが、残りは農民と新中間階級がほぼ半々である。つまりこの時代は、大卒者は新中間階級になるのが当然で、高卒者も一部は技術者・管理事務職などの新中間階級になる時代だった。実際、この時期までの高卒者のかなりの部分は専門技術職または事務職として就職しており、これらの人々が一九八〇年代まで、企業の技術者や下級管理職のかなりの部分を占めていたのである。

ところがその後、大学進学率が急上昇するとともに、新規高卒者・新規大卒者のいずれでも労働者階級比率が急増

図表 9・1　大学進学率と新規学卒者の労働者階級比率

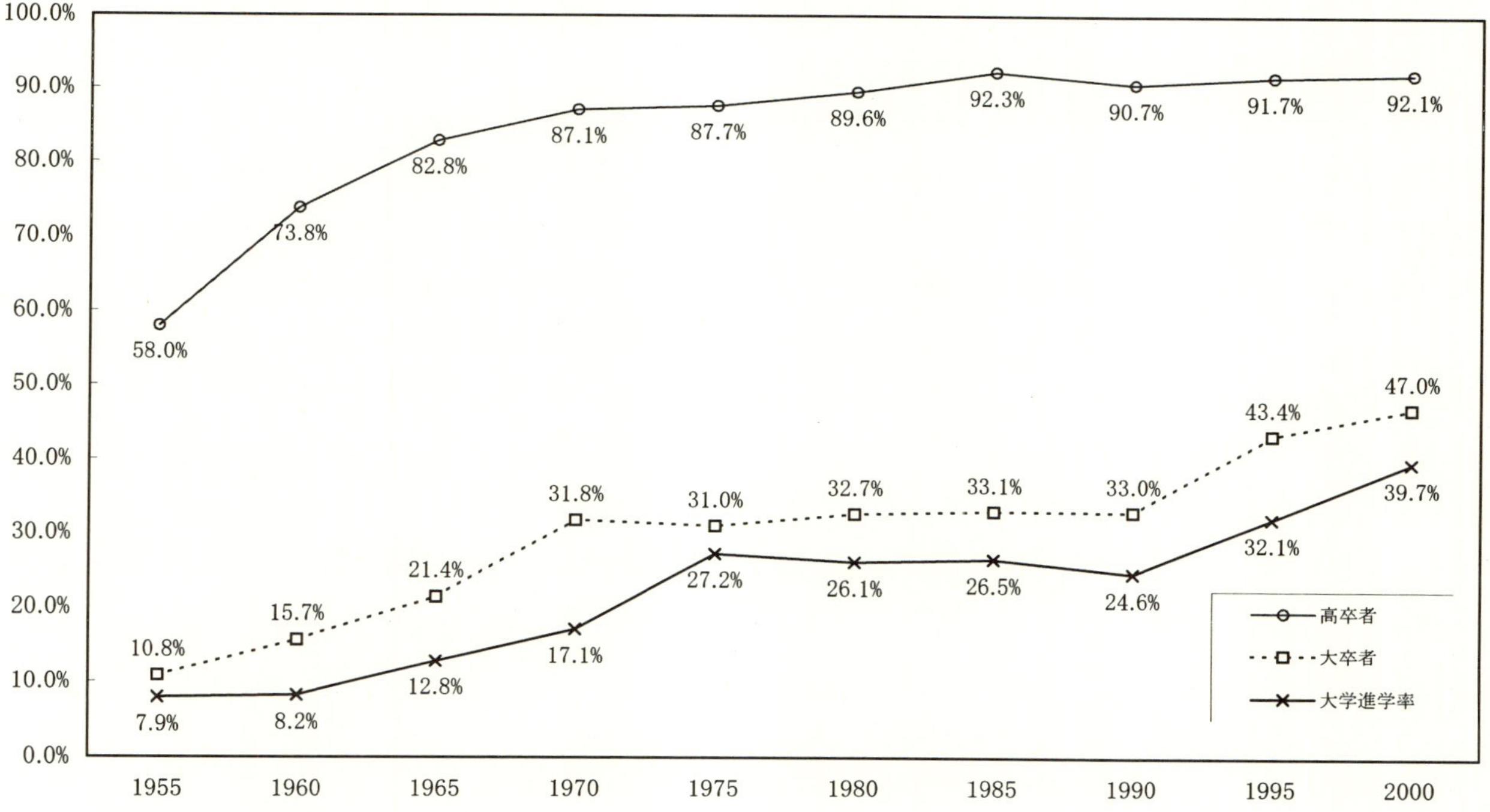

＊『学校基本調査』各年度による。

し、一九七〇年にはそれぞれ八七・一％、三一・八％に達した。大卒者の労働者階級比率はわずか一五年で三倍になり、プロレタリア化が進行した。しかしこのことは、大卒者が高卒者に接近したことを意味するわけではない。大卒者がプロレタリア化したといっても、その多くは販売・サービス職であって、マニュアル労働者ではない。これに対して高卒者は、かつて中卒者が占めていた位置にシフトし、マニュアル職を中心とする労働者階級に純化した。専門職や管理職につながるルートから駆逐された高卒者と、依然として多数部分が新中間階級に所属する大卒者の間の社会的距離は、むしろ拡大したとみることもできる。つまりこの時期には、進学率の上昇・大卒者のプロレタリア化の進行と、高卒者と大卒者の階級的な性格の違いの明確化が並行して進み、このために先にみた三つの要因のすべてが、学生たちの動向に作用することになったものと考えられる。日本の学生叛乱は、このような構造のなかで起こったのである。

ところがその後、一九九〇年までは大きな変化がない。大学進学率は一九七五年に急増するが、それ以降はほぼ一定または微減で推移している。これはこの時期、文部省が大学定員を厳しく管理していたこと、さらに管理下での緩やかな大学定員の増加も、団塊世代の通過後に一時減少していた一八歳人口が増加に転じることによって、完全に埋め合わされてしまったことによるものである。このため新規学卒労働市場における高卒者と大卒者の位置は変化せず、新規高卒者の労働者階級比率は九〇％前後、新規大卒者の労働者階級比率は三〇％前後で推移した。いわばこの時期は、高等教育の安定期であった。

このことは日本の高等教育にとって、不幸なことだったかもしれない。というのは、高等教育と階級構造の関係がこのように安定していたことが、改革の先延ばしを可能にしたからである。学生叛乱の前後から、全国の多くの大学で大学改革案の検討が行なわれた。その数は、一〇〇大学五〇〇案以上にも上ったといわれる。これらのなかには、学生の大学運営への参加を打ち出すなどの思い切った改革案や、教養と専門の有機的統合や少人数講義の導入など、のちの改革（成功したかどうかは別として）を先取りしたものが少なくない。しかし学生たちの運動が収束し、また大学と社会の関係が相対的に安定するなかで、改革への関心は失われていったのである。

5　高等教育政策の転換と「脱政治化」

ところが一九九〇年前後から、高等教育政策は大きく転換する。それは高等教育の市場化と脱政治化である。一九七〇年代まで、高等教育をめぐる言説は高度に政治的な性格を帯びていた。学生叛乱の活動家たちの言説についてはいうまでもないが、既成政党や政財界人の言説も、中身は違っても高度な政治性という点は共通だった。そこには政府や財界が、企業活動上の必要をストレートに高等教育政策に反映させようとしたり、大学の国家統制強化やイデオロギー教育の必要を強調し、これに対して野党や大学関係者が「産業界のための大学再編」と批判するという図式が成立していた。

しかし高等教育をめぐるこうした構造は、一九九〇年代には大きく変質する。それは、高等教育の形態や機能は市場メカニズムによって決定されるのが望ましいとされるようになったからである。天野郁夫は、こうした変化を「計画モデル」から「市場モデル」への移行と表現している。文部省はそれまで、制限主義的な高等教育政策を維持してきた。しかし第二次ベビーブーム世代の通過とこれに対応した私学の積極的な規模拡大を契機に、この路線は最終的に放棄され、高等教育システムは「規制緩和」と「市場モデル」の段階を迎えたというのである（天野 1994）。

こうした高等教育政策の転換は、もちろん新自由主義の影響下で起こったことである。新自由主義的教育政策は、これまで国家が教育に対して担ってきた役割を市場メカニズムに委譲することにより、教育財政支出を削減するとともに、多様かつ変動する教育需要に柔軟に対応できると主張するものである。たとえ高等教育が産業界の利益に沿った形態や機能をもつようになるとしても、それは国家による意識的な政策によってではなく、市場メカニズムを通じて達成されるべきなのである。

こうした高等教育の「自由化」は、高等教育の脱政治化をもたらした。市場メカニズムによって制御される高等教育は、もはや高等教育に対する政治的批判を受けつけなくなるからである。高等教育が市場メカニズムに委ねられたとすれば、もはや「産業界のための大学再編」などという批判は有効ではない。どのような種類の高等教育がどの程度供給されるかについて、もはや国家は直接の責任を負わない。したがって高等教育はもはや、政治的な問題ではない。こうして大学は、その当否にかかわらず、市場での競争力を身につけることを迫られる。ふだんは反体制的言辞をふりまいていた大学教員までが、「そんなことでは学生が集まらない」「そんなことでは○○大学に勝てない」といいはじめる。

こうした「自由化」に、積極的な側面がなかったわけではない。カリキュラムは柔軟なものになったし、選択の範囲も増えた。あらかじめシラバスを用意したり、授業の準備に時間をかけたり、授業の仕方を工夫するのは当然のことだという合意が形成された。この意味で学生たちは、殿様商売を決め込んでいた大学教員たちに対して、三〇年越しの勝利を収めたといってもよい。しかし市場に委ねるという表向きの主張とはうらはらに、少なくとも国立大学に関する限り、文部（科学）省による統制は、かえって強まったといってよい。というのも、「市場の意志」を盾に国立大学を押さえ込むことができるようになったからである。政府や財界の意志をふりかざすのではなく、世間の評判や競争率・就職率を引き合いにリストラを迫るというやり方には、抵抗しがたいものがある。こうした発想法はいまや多くの大学教員にも共有され、就職率の低さをあげつらって他大学や他学部を攻撃するというようなことが、日常的に行なわれるようになっている。

6　高等教育の再政治化

しかし、「脱政治化」の時代は長続きしなかった。日本の高等教育は二一世紀を迎えるとともに、再び国家主導の時代を迎えつつある。つまり、高等教育の「再政治化」である。

二〇〇一年六月、遠山文部科学大臣は「経済財政諮問会議」に、いわゆる「遠山プラン」を提出した。それは、第三者評価の結果によって資金を重点配分し、国公私立「トップ三〇」の大学を育成するというもので、従来から行なわれてきた大学審議会の改革路線を大きく踏み越えていた。また並行して、国立大学の独立行政法人化についての検討も進んでいるが、ここでは文部科学省に設置される「国立大学評価委員会」が国立大学の目標達成状況を評価し、これにもとづいて資源配分が決定されること、評価の基礎となる中期目標についても、基本的に文部科学大臣が策定することなどが提案されている（『新しい「国立大学法人」像について（中間報告）』[2]）。競争原理の徹底が強調されてはいるが、それは国家の設定した目標の達成度をめぐる競争であり、形を変えた国家の直接統制である。

高等教育の再政治化には、さらに大きな社会的背景がある。それは、大卒者の地位低下と階層分化である。いま一度、図表9・1をみていただきたい。大学進学率は一九九〇年代に入って急上昇をはじめ、二〇〇〇年には四〇％近くにまで達した。これと並行して新規大卒者の労働者階級比率も五〇％近くにまで急上昇した。まさに、大卒者のプロレタリア化である。いまや大学は、新中間階級の養成と労働者階級の養成を同じくらいの比重で担う教育機関なのである。

しかしこうした地位の低下は、高等教育のすべての部分で一様に起こるわけではなく、高等教育のヒエラルキー的構造の上部と下部の分化を促進する。こうして卒業した大学の種類が、新中間階級に所属するか労働者階級に所属するかを決定するようになる。かつて高等学校が、普通科と職業科、進学校と非進学校に鋭く分化していったのと同様の変化が、大学に起こりつつあるのである。このような多様化・多層化のなかで、国家の財政支出はすべての大学に均等に配分されるわけではない。ここで新たに生じるのは、高等教育のどの部分にどれだけの資源を集中させるかという政治的決定の問題である。高等教育の再政治化は、構造的にも不可避なのである。

7　平等のための高等教育政策を

階級構造との関係では、今日の日本の高等教育には、もう一つの大きな問題がある。それは、依然として教育機会の不平等が大きいことである。

図表9・2は、一九六〇年生まれ世代の高等教育進学率（短大を含む）を出身階級別・中三時の成績別にみたものである。資本家階級・新中間階級の出身者は、成績が上位であればほぼ間違いなく進学することができ、成績中位でも過半数、成績下位でも約四割が高等教育に進学できる。これに対して労働者階級・旧中間階級の出身者は、成績上位でも半数前後しか進学できず、成績が下がるとともに進学率も急速に低下し、とくに労働者階級の場合、成績下位者の進学は絶望的に困難である。現代日本にも、深刻な教育機会の不平等が存在することは明らかだろう。にもかかわらず近年の高等教育政策で、教育機会の平等化が政策目標として掲げられることはほとんど皆無である。むしろ各種

審議会や文部科学省は、戦後日本では所得水準の向上とともに教育機会の平等が達成されたので、今後の重要目標は平等よりも個性化・多様化だという立場をとってきた。

近年、経済的・社会的格差の拡大傾向が指摘されている。グローバリゼーションの進行、業績主義・能力主義の強化や雇用の多様化などにより、この傾向は今後、さらに進むだろう。しかし他方、教育機会の不平等に無関心な文部科学省は、経済力のない地方の若者たちに機会を提供してきた地方国立大学の統廃合を進めようとしている。不平等は今後、ますます拡大する可能性が高い。

ここで私は、「高等教育機会の平等」を、新しい高等教育政策が構想されるべき基本的な対抗軸と考えることを提案したい。この視点に立つとき、現在進められようとしている「改革」に対する評価と、これに対するオルターナティヴは、次のようなものになる。

国立大学の法人化そのものは、大きな問題ではない。重要なのは、学部教育に対する公的支出の水準が維持されること、さらには増額されることである。独立採算に接近するような法人化を許すことはできないが、公費支出を基本とした上で、教育機会の平等化のために大胆な施策をとる自由を地方国立大学に与える法人化は、歓迎すべきである。同様に私学助成は大幅に増額される必要があるが、その際には教育機会の平等化への貢献度を最大限に考慮すべきである。「トップ三〇」への重点投資は、純粋に研究条件の問題にとどめられるべきであり、教育のための施設・設備や、教員の教育活動上の諸条件に格差をつけるものであってはならない。むしろ、多様な学生たちに多様な教育を行なうことを求められる「トップ三〇以外」の大学に対して、教育面での重点投資を行なうべきである。さらに地方国

図表 9･2　出身階級別・中学 3 年生時の成績別高等教育進学率

	中学 3 年生時の成績		
	上	中	下
資本家階級	75.0	58.8	42.9
新中間階級	84.4	55.3	40.0
労働者階級	57.7	16.0	3.0
旧中間階級	40.0	22.6	20.0
全　体	65.8	32.3	17.3

＊ 1995 年 SSM 調査データによる。数字は％。分析対象は、1960 年代生まれの男女。

立大学の個性化・多様化は、再検討されるべきである。個性化・多様化は、特定の個性をもつ若者を優遇し、これとは異なる個性をもつ若者を排除する。必要なのは地方国立大学が地域のすべての若者たちに門戸を開くこと、大学が多様化するのではなく、大学の内部に多様性を認めることである。このことは、若者たちの進路が入学した大学によって決められるのではなく、大学入学後の学習と選択によって決められるようにするということを含む。この目的のためには、教員数の増加をともなわない学生定員の増加も、あえて受け入れなければならないだろう。さらにはこれと並行して、大卒以外の人々に対する就業と学習の機会の拡大も、図られなければならない。

「平等」とは、いかにもありふれた目標のようにみえるかもしれない。しかしそれは、「一億総中流」の幻想のなかでほとんど忘れ去られてきた視点であり、戦後高等教育の巨大な負債である。グローバリゼーションと雇用の多様化＝多層化のなかで階級間格差の拡大が進行し、しかも格差の拡大を当然視する風潮が強いなかで、「平等」の要求は新たな意味を獲得しつつある。「教育機会の平等を！」――これは、貧しい時代にのみ必要な要求なのではなく、ますます必要になりつつある要求なのであり、二一世紀前半の高等教育改革の基本原則とされるべきなのである。

第Ⅳ部　再生産と国家装置

第一〇章　資本主義社会の再生産と国家装置の理論

一九七〇年代から八〇年代にかけて、資本主義社会の構造が再生産されるメカニズムを解明しようとする二つの理論が、注目を集めた。それは、再生産理論と現代資本主義国家論である。しかし前者は、再生産の具体的なプロセスの一つを特定することに成功したものの、それが資本主義社会の構造の再生産過程全体に占める位置を明らかにすることができなかった。後者は、資本主義社会の再生産という問題設定の全体像を明らかにすることに成功したものの、各種のアプローチが併存したままで、しかも国家がこのように機能するに至るメカニズムを明らかにすることができなかった。本章の目的は、この二つの理論の到達点と限界を明らかにした上で、これを発展的に継承し、資本主義社会の構造が再生産される全過程を一貫した理論的視野のうちに収めることである。

1 「再生産」という問題設定

一九七〇年代から八〇年代にかけては、教育研究が注目すべき発展を遂げた時期だった。というのはこの時期、何人かの論者が「社会構造の再生産」という問題を正面から取りあげ、社会科学のなかでは比較的マイナーな研究領域だった教育研究が、一挙に社会科学の中心問題へと切り込む動きをみせたからである。ここで社会構造というのは、前近代的な、もしくは機能連関として抽象化された、静態的な構造のことではない。近代的な社会構造、とくに階級構造のことである。

階級構造とは、不平等と利害対立の構造でもある。したがって階級構造は、その内部に常に、不安定かつ自己破壊的な諸要素を抱え込んでいる。しかも階級構造を構成する諸個人は、自然の摂理に従って、あるいはさまざまな事情から、たえず消耗し流動する。にもかかわらず階級構造は、相当の長期間にわたって、基本的には変化しないままに存在しており、各階級もそれぞれに、その基本的性格を維持している。不安定かつ自己破壊的な諸要素の存在にもかかわらず、またそれを構成する諸個人の不断の消耗と流動にもかかわらず、階級構造がその基本的な性格を維持することを、階級構造の再生産と呼ぶことにしよう。それでは階級構造のこのような再生産は、いかにして可能なのだろうか。ここで何人かの論者たちは、教育の果たす役割に注目した。

代表的な論者としては、フランスのピエール・ブルデュー、英国のポール・ウィリス、米国のサミュエル・ボールズ、ハーバード・ギンタスらをあげることができよう(1)。これらの論者の理論的立場はそれぞれ大きく異なっており、「階級」についての理解の仕方もさまざまである。しかし彼らは共通して、学校教育が階級構造を再生産するメカニズムを重視した。

彼らによると、学校は生徒たちに、その将来の所属階級にふさわしい行動様式やイデオロギーを植え付ける。学校は特権階級の文化と行動様式を優先的に扱っているため、特権階級出身の生徒にとってなじみやすく、低学歴者が多い労働者階級出身の生徒にはなじみにくい。このため出身階級の違いが成績の違いとなってあらわれることになり、結果的に生徒たちは、親と同じ階級へと導かれていく。生徒たちは、互いに不平等な関係にある諸階級へとふり分けられていくが、この不平等は成績の差、したがって能力と努力の差によるものだとして正統化される。こうしたメカニズムによって、学校教育は階級構造を再生産するというのである。こうした特質を共有するところから、彼らの理論はしばしば「再生産理論」と呼ばれるようになった。再生産理論は単なる机上の空論ではなく、従来から蓄積されてきた、あるいは彼ら自身が収集した計量的なデータや各種のドキュメント、エスノグラフィックな調査などの実証的根拠とともに提示され、独特の説得力をもって影響力を広げていった。

彼ら自身は教育学者ではない。ブルデューは社会学者であり、その後フランスの、というよりは世界の社会学をリードする存在の一人と目されるようになった。ウィリスも社会学者であり、その後はむしろ、カルチュラル・スタディーズの代表人物の一人として注目されている。ボールズとギンタスは経済学者であり、もともとラディカル派経済学の論客として知られていたが、さらにその後は「蓄積の社会構造（Social Structure of Accumulation：SSA）理論」の代表的人物として活躍する。彼らの教育に関する主要な研究は、一九八〇年代前半までにほぼ出尽くしている。

しかし再生産理論は、教育研究に後戻りすることのできない転換をもたらしたといってよい。というのはこの理論は、平凡で素朴な思いこみに反して、学校教育が社会的不平等を解消するものではないこと、むしろ不平等を維持し固定化するものであること、したがって社会の進歩的な要素であるというよりは、むしろ保守的な要素であることを明らかにし、「教育は良きものである」という幻想を最終的に崩壊させたからである。こうした幻想を崩壊させたのは、再生産理論だけの功績ではなく、社会史研究や脱学校論の功績でもある。しかし、現代社会に関して実証的根拠を示したことの意義は大きい。このことは、いくら強調しても強調しすぎることがない。

ところが再生産理論には、大きな欠陥もあった。結論を先取りしていえばそれは、学校教育の再生産的機能に関する理論ではあっても、現代社会の再生産過程全体に関する理論ではなかったこと、そのために学校教育が再生産過程全体に占める構造的位置を明らかにすることも、また多様な要素を含み、しばしば相互に矛盾する学校教育の諸機能それぞれの位置を明らかにすることもできなかったことである。再生産理論がその発展途上で影響力を失った主要な理由は、ここにあったと思われる。

2　再生産理論の問題点

(1)ボールズ＝ギンタスの再生産理論

ここでは代表例として、ボールズ＝ギンタスの理論を取りあげよう。この二人の理論を選んだのは、彼らが自分たちの理論を資本主義経済の理論の上に組み立てている上に、学校教育制度の変動過程にまで踏み込むなど、再生産理論のなかでも最も総合的かつ広い射程をもつものだからである。

さて、彼らの理論の要点は、次の通りである(2)。

①資本主義社会は資本主義的生産様式に基盤を置く社会である。資本主義的生産様式は資本と賃労働の対立に特徴づけられる生産様式であり、利潤という形態での剰余の追求をその原動力としている。

②資本主義的生産様式の存続のためには資本蓄積と生産関係の再生産が必要である。しかし、この両者は矛盾する傾向がある。というのは、資本蓄積は賃労働の拡大と労働予備軍の拡大を含んでいるが、このことが資本と賃労働の敵対関係を拡大するとともに資本に対抗する労働者階級の潜勢力を高め、生産関係の再生産を困難にするからである。

③大衆教育の拡大は、この矛盾の解決のための主要な手段となった。それは第一に経済的不平等を正統化するこ

とによって、第二にヒエラルキー的分業体系のなかの諸地位に適切なパーソナリティ特性と階層化された意識(stratified consciousness)を生みだして、生産組織の秩序を維持することによってである。

④経済的不平等の正統化は、学校教育が外見上、業績主義的に諸個人を不平等な経済的諸地位へと配分する客観的なメカニズムを提供することによって行なわれる。

⑤パーソナリティ特性や階層化された意識の産出は、学校内の社会諸関係が、生産組織内の社会諸関係を反映していることによって行なわれる。学校はそれぞれ、学校段階によって、あるいは学校の存在する地域の経済社会的特質によって、生徒の出身階層や将来の到達階層を異にしている。各学校内の社会諸関係は、これらの出身階層や到達階層に特徴的な生産組織内の社会諸関係を反映しており、こうした社会諸関係のなかで教育が行なわれることによって、各階層に特徴的なパーソナリティ特性や階層化された意識が生みだされるのである。

⑥学校教育が上のように生産関係の再生産の要求に応えるのは、次の二つのメカニズムを通じてである。第一に、社会諸階級や社会諸集団が業績主義的な選抜メカニズムを受け入れたり、学校に自らの労働現場での経験に適合する教育目標を望んだりすることが、結果的に学校教育の生産関係の再生産の要求への適応をもたらす(彼らはこれを多元主義的適応と呼ぶ)。第二に、資本家階級や支配エリートたちは、権力によって反対を抑圧し、教育財源を統制することを通じて、自らが支配的である生産関係の再生産の要求に適合する教育変動を引き起こす。

総じていえば彼らの理論は、資本主義社会における学校教育を対象とし、それが資本主義的生産様式の維持・再生産に対して果たす機能の解明を中心的な課題とし、そのような機能の存立の基盤を社会諸階級の行動に求める理論なのである。

(2)ボールズ＝ギンタス理論の問題点

彼らの理論には多くの問題点があり、またすでに無数の批判を受けてきたが、ここではその基本的な理論構成に関わる問題点として、次の三点を指摘しておきたい。それは、①学校教育の経済的機能の軽視、②学校教育に対する道具的把握、③学校教育の機能の過大評価、である。

■学校教育の経済的機能の軽視

ここで学校教育の経済的機能と呼ぶのは、学校における教育活動が新しく労働市場に参入する労働力の生産性を向上させ、他の条件が等しい場合に生産量の増加をもたらすことを指す。教育のもつこうした経済的機能は、古くから注目されてきたが、とくに人的資本理論によって明確に理論化され、政策的にも大きく取りあげられてきた。ところがボールズ＝ギンタスはこれを著しく軽視しており、学校教育の重要性は、職業のための認知的能力の育成よりも、態度や行動様式の育成にあると主張している。

しかし彼らの主張は、学校教育の経済的機能をきわめて狭くとらえるものである。多くの算出結果が示しているように、高等教育の収益率は著しく低下しており、その限りでは高等教育の経済的機能を過度に強調することはできない（矢野 1982, 島 1999, 2001）。しかし今日においても、学校教育、とくに初等教育が大きな経済的機能を果たしていると考える根拠は十分にある。高等教育のように収益率で示すことは不可能だが、いわゆる「読み・書き・そろばん」の習得を学校教育によらず各家庭で行なった場合、どれだけの労働力が余分に費やされることになるかを考えれば、このことは明らかだろう。つまり学校教育は、圧倒的な規模の経済によって、教育費用を低減させてきたのである。

また仮に、学校教育が技術的技能の育成を通じての生産性向上に貢献していないとしても、その経済的機能を否定することはできない。学校が生みだす態度や行動様式が労働生産性を向上させることは十分ありうるし、しかもボールズ＝ギンタスが指摘するように、それらが生産組織の秩序を維持するものだとしたら、こうした効果は個々人の生産性とは別に組織全体のパフォーマンスを向上させ、したがって通常の収益率計算にはあらわれない経済的効果をもたらすのかもしれないのである。

仮にこうした経済的機能が存在するならば、資本と労働の対立を激化させることなしに、生産量を増加させることが可能になるだろう。こうした可能性を考慮していない以上、ボールズ＝ギンタスは、学校教育の機能を一面的にしかとらえていないといわざるをえない。

■学校教育に対する道具的把握

ボールズ＝ギンタスは、学校教育は特定の階級が支配的であるような生産様式の再生産要求に適合的に機能しているという。それではなぜ、学校教育はこのように機能しうるのだろうか。これに対する彼らの主要な解答は、支配階級が学校教育を支配し統制しているからだというものである。これは学校教育を、支配階級が自らの利害追求のために自由に操作できる道具とみなす見解である。二人は「多元主義的適応」というもう一つのメカニズムも指摘しているが、これは内容のはっきりしないある種の予定調和的メカニズムであり、彼ら自身も実際の分析では、この説明をほとんど用いることができずに終わっている。

このような彼らの主張は、次のように二通りの批判を受けてきた。第一に、大衆教育の拡大は労働者階級その他の従属階級の要求でもあったし、また資本家階級は必ずしも、これに賛成し積極的に推進してきたわけではないという批判（Hickox 1982, Wrigley 1980）、第二に、資本主義社会には経済的な支配階級である資本家階級の意図を、直接かつ全面的に具体的な国家政策へ媒介するメカニズムは存在しないという批判（Demaine 1981）である。

ボールズ＝ギンタスの説明は、国家に対する「道具主義（instrumentalism）」的把握の典型例ということができる(3)。

これは、国家を経済的支配階級が自由に操作・変形できるある種の道具とみなす考え方で、マルクス自身の政治的な著作（たとえば『共産党宣言』）にもしばしばみられるが、レーニン（Lenin 1917 = 1970）とスターリン（Stalin 1924 = 1952）にはとくに顕著で、今日に至るまで左翼的な政治評論の一つの典型的な発想法となっている。しかし、国家に対する社会科学的な把握としては問題が多い。

そもそも「近代社会をそれ以前の社会から区別する特徴の一つは、そこで政治権力がとくに政治権力として他の諸種の権力から分化し独立したことにある」（丸山 1964:440）。この点は国家と「市民社会」の分離として、最初にマルクスによって定式化され、その後も階級と国家の関係を論じる際には、常に注意が払われてきた問題である。つまり近代資本主義における資本家階級とは、直接には個別の経済的利害を追求する生産諸手段の所有者たちにほかならず、彼らを資本主義的生産様式の再生産という目標の下に一枚岩的に団結させたり、彼らの要求を政策へと直接に媒介していく効率的なメカニズムは、資本主義社会には存在しないのである。しかも、資本家階級の直接的利害は、資本主義社会の長期的な再生産条件とは必ずしも一致しないから、資本家階級の意志によって資本主義社会の再生産を保証する国家の機能を説明することはできない。

したがってボールズ＝ギンタスは、学校教育の再生産的な機能を指摘したものの、学校教育がこのように機能するようになるメカニズムについては解明できずに終わったということができる。

■学校教育の機能の過大評価

ボールズ＝ギンタスによると、大衆教育の拡大は、資本蓄積と資本主義的生産様式の再生産の間の矛盾を解決する主要な手段である。しかし、果たしてそうだろうか。

資本蓄積と生産関係の再生産との間の矛盾を解決する手段というならば、われわれは大衆教育の拡大以外にも、いくつもの制度や政策を列挙することができる。失業のインパクトを和らげる社会保障、労働能力を失った人々の生存を支える福祉政策、総需要を下支えしたり急激な経済変動を防止する経済介入など。これらと比較して、大衆教育の拡大が圧倒的に重要だと主張する根拠はない。

さらにいえば、資本蓄積と生産関係の再生産との間の矛盾は、常に顕在化するわけではないし、制度や政策によらなければ解決できないというものではない。そもそもマルクスの最も重要な洞察の一つは、資本主義的生産様式は自己再生産的な契機を含んでいるということであった。すなわち、資本主義的生産様式は労働者の生産諸手段からの分離を特質とする生産様式であり、その下で労働者は、個人的消費によっては資本の付属物としての自己の労働力を、労働によっては自己を支配し搾取する力としての資本を再生産するという、完結した循環過程に置かれる。労働者が自己保存本能をもっている限り、この循環過程は継続する（Marx 1867 = 1965）。こうして「資本主義的生産様式は、他の生産様式がいずれもそうであるように、たえず物質的生産物を生産するのみではなく、この生産物形成の社会経済的諸関係を、その経済的形態規定性を、再生産する」のである（Marx 1894 = 1966-67:1114）。

もちろん、この自動的メカニズムの有効性を全面的に信じることはできない。しかしこうした経済的メカニズムを無視し、政治的・イデオロギー的側面からのみ資本主義的生産様式の再生産を論じることは、重大な欠落といわなければならない。必要なことは、学校教育のみを取り出してその意義を強調することではなく、資本蓄積と生産様式の再生産という二つの要求に応えるために必要な条件を包括的に明らかにし、経済的なメカニズム、そして他のさまざまな制度や政策とともに、学校教育の意義を特定することである。ボールズ＝ギンタスはこうした作業を怠ることにより、結果的に学校教育の機能の過大評価に陥ったのである。

(3)再生産理論の再構築に向けて

以上のようなボールズ＝ギンタス理論の限界を克服するためには、次の三系列の作業が必要となる。それは第一に、経済的な過程と非経済的な過程の両方にまたがる学校教育の諸機能を、その相互関係を考慮しながら総合的に明らかにすること。第二に、学校教育がこうした諸機能を果たすようになる理由を、支配階級の意図に還元することなく、構造的に明らかにすること。そして第三に、こうした学校教育の諸機能が、資本主義社会の構造が再生産される過程全体のなかで占める位置を明らかにすること、である。

このうち第二と第三の作業は、学校教育をそのうちに含む社会構造・社会諸過程全体に関する理論によって基礎づけられる必要がある。したがって明らかに、「教育研究」の範囲を超える。つまり学校教育の諸機能に関する研究は、「教育研究」としては完結しえない。その意味で再生産理論は、もともと教育に関する理論としては完結しえないものだったのである。したがってその問題設定を継承するためには、われわれは「教育研究」の内部にとどまるのではなく、その外部に出て、資本主義社会の再生産過程全体を視野に収めなければならない。その際に有益な出発点を提供するのは、現代資本主義国家論である。

3　資本主義国家の諸機能

(1)現代資本主義国家論の展開

資本主義社会の構造の再生産という問題を、これまでのところ最も包括的に扱ってきたのは、一九六〇年代末以降のマルクス主義理論、とくに国家理論である。第二次世界大戦後の先進資本主義諸国における国家活動の著しい拡大と多様化を背景としながら、一九六〇年代後半の政治的激変の前後から、伝統的・権威主義的な社会主義勢力および理論と訣別したマルクス主義者たちは、先進資本主義社会の構造が維持・再生産される過程において国家が果たす諸機能に注目するようになった。

その先駆となったのは、ニコス・プーランツァスの『政治権力と社会諸階級』（Poulantzas 1968 = 1978-81）とラルフ・ミリバンドの『資本主義社会における国家』（Miliband 1969 = 1970）である。そして二人は一九六九年から一九七六年にかけて、国家理論の根幹に関わる問題を包括的に取りあげた論争を展開し、このことが多くの人々を資本主義国家をめぐる理論的諸問題に注目させることになった。彼らの問題設定はその後、これとは異なる経緯をもつ旧西独の「国家導出」学派の諸研究や、米国における財政理論の新しい展開とも相まって、西欧マルクス主義の中心的なテーマの一つを形成するに至った。こうして呼び起こされた国家に関する理論的・実証的研究は、政治学・経済学はもとより、社会学の各領域にまで広がり、都市社会学、教育社会学、社会福祉論、医療社会学などにおいても多様な研究が展開されるようになった。

国家論の展開は一九八〇年代末までに一つの段階を終え、その後は国際関係やジェンダー、エスニシティなど多様な要因を考慮した精緻化や、より経済学に傾斜したレギュラシオン理論、分析的マルクス主義などに受けつがれて今日に至っている(4)。しかし、抽象的ながら資本主義社会の再生産過程全体を射程に収め、社会諸科学全体に共通の問題設定を提供したプーランツァスらの国家論の意義は、今日でも色あせていない。

資本主義国家論の課題は、ひとことでいえば、資本主義国家に対する諸決定と、資本主義国家の諸機能の解明にあった。つまり、まず資本主義社会の構造や、これを構成する諸階級・諸集団が資本主義国家の形態や諸機能を決定し、次に資本主義国家が、この決定の範囲内で資本主義社会を再生産するという、二重の過程が問題とされたのである。

それでは、資本主義国家論がこの二つの課題にどのように答えてきたかを検討することを通じて、先の問題を解決する方策を探ることにしよう。

(2)資本主義国家の本質規定

先に確認したようにマルクスは、資本主義的生産様式は自己再生産的なメカニズムを含んでいることを示した。しかしすでに限定をつけたように、これは問題の一端にすぎない。というのは、資本主義的生産様式は同時に自己破壊的な契機を含んでいるというのが、マルクスのもう一つの重要な洞察だったからである。すなわち、資本主義的生産の発展はその無政府性のためにさまざまな経済不均衡を発生させるとともに、資本過剰による労働市場の逼迫＝賃金コストの高騰、さらには資本の有機的構成の高度化(5)による利潤率の低落傾向を生みだす。こうして、経済危機がもたらされる。一方、資本主義的生産様式は本質的に敵対的性格をもっている。資本家階級と労働者階級の関係は本質的に非対称的であり、両者の間には構造的な利害対立がある。こうした利害対立は、経済危機の局面ではとくに大きくなる。そして社会的生産として組織される資本主義的生産は、労働者の間にさまざまな相互作用の形成を可能にし、その組織化を可能にしている。ここから、労働者階級が資本家階級に対抗的な勢力としてあらわれ、さらには自らを従属的な位置へと構成している社会構造の改変を志向した社会的行動を組織する可能性、すなわち階級闘争が激化する可能性が生じる。

資本主義社会の再生産とは、そこに内在するこうした非再生産的な諸傾向を排除し、潜在化させる動的な過程である(6)。このことはこの再生産が、資本主義的生産様式自体の再生産メカニズムのみによって達成されることはなく、他の何かの助けを借りなければならないことを意味する。そして国家論の理論家たちは、ここに資本主義国家の機能の本質を見いだしたのである。たとえば、ルイ・アルチュセールは国家の機能を「生産諸関係の再生産」と定式化したし（Althusser 1970 = 1975）、ヨアヒム・ヒルシュは国家を「社会構成体の再生産の共通の条件を保障するブルジョア社会の共同性の特殊化」と規定した（Hirsch 1973 = 1983）。またプーランツァスの「社会構成体の凝集性の要素」という規定も、同じ問題に言及するものである（Poulantzas 1968 = 1978-81）。

(3) 資本主義社会の再生産条件

しかし、このようにその機能によって国家の本質規定を行なうということと、国家の諸機能を分析するための理論装置を整備するということは、いちおう別の問題である。国家の多様で具体的な機能を前に、それは資本主義社会の構造の再生産に貢献していると繰り返したところで、何も明らかにはならない。必要なのは、こうした多様な国家機能を体系的に、また相互に関連づけながら分析することを可能にするような理論装置である。ヒルシュの言葉を借りれば、「ブルジョア国家の一般的規定を超えて、その具体的機能諸規定」へと進むことが必要なのである。そしてこのような規定は、まず資本主義社会の構造の再生産条件を定式化することによって可能になるだろう。

それでは次に、このような試みのいくつかを検討しよう。

■生産様式の再生産条件——アルチュセール

アルチュセールは、生産様式の理論的な概念から資本主義社会の再生産様式を定式化し、これにもとづいて国家の機能を規定しようとした。

彼によると、歴史的に特定の構造をもつ社会＝社会構成体の再生産は、そこで支配的な位置を占める生産様式の再生産に依存する。ここで生産様式とは、生産諸要素、すなわち生産諸手段と労働力が生産諸関係という特定の関係によって結びついたもののことである。だとすれば当然、生産様式の再生産条件は、次のように定式化されることになる（Althusser 1970 = 1975:16-19）。

①生産諸手段の再生産
②労働力の再生産
③生産諸関係の再生産

アルチュセールは、①については多くを語らない。というのは、古くはケネーによって、より明確な形ではマルクスによって解明されているように、生産諸手段の再生産は個々の企業を超えた市場経済のメカニズム全体を通じて行なわれるのであり、とりたてて検討を必要としないからである。これに対して彼は、②と③においては国家が重要な役割を果たすと考える。

労働力が再生産されるためには、労働力が再生産されるための物質的諸条件が保証されるだけでは十分でない。労働力は、生産の複雑なシステムのなかで使用されるのに適したものでなければならないし、適切に専門化されていなければならない。さらには、こうした特殊技能に加えて、既成秩序や支配的イデオロギーに対する服従や、イデオロギーを適切に取り扱う能力も、同様に再生産されなければならない（Althusser 1970 = 1975:20-23）。したがって、

> 労働力の再生産は、その熟練（資格）の再生産だけでなく、同時に既存秩序の遵守の規則への服従の再生産、すなわち労働者にとっては支配的イデオロギーへの服従の再生産、搾取と抑圧の担当者にとっては彼らが支配階級の支配を《言葉によって》保証するために支配的イデオロギーを担う能力の再生産、を要求する。
> （Althusser 1995, 今村 1997:280 に引用）

しかしこのことは、労働力の再生産という課題が、諸個人の能力の再生産にとどまるものではなく、支配—服従関係の再生産、すなわち生産諸関係の再生産と不可分に結びついていることを意味する。

この生産諸関係の再生産を中心的に担うのが、国家である。アルチュセールによると、社会構成体は一般に、経済・政治・イデオロギーという三つの水準＝審級に区分される。そして国家には政治とイデオロギーの二つの審級に対応して二種類の国家装置、すなわち国家の抑圧装置と国家のイデオロギー装置があり、前者は主に抑圧的に、後者は主にイデオロギー的に機能する。「国家の抑圧装置の役割は、……生産諸関係の再生産の政治的諸条件を、力（物理的あるいは非物理的）によって保証することにある」。しかし、「国家の抑圧装置の《楯》の下で生産諸関係の再生産そのものの大部分を保証するのは、国家のイデオロギー装置である」（Althusser 1970 = 1975:42）。

国家のイデオロギー装置は、教会、学校、政党、マスコミ、文化などさまざまな形態をとり、諸個人を、資本主義的搾取関係を再生産するようなイデオロギーに従わせる。そして、「成熟した資本主義的構成体において支配的な地位を占める国家のイデオロギー装置は、学校制度のイデオロギー装置である」（Althusser 1970 = 1975:45）。というのは、「国家のいかなるイデオロギー装置も、これほど長い年月にわたる義務的な聴講を課し、週に五、六日、それも毎日八時間の割合で、資本主義的社会構成体に属する子供たちの全部を自由に扱うことはない」からである。

このようにアルチュセールは、生産様式の再生産条件、したがって資本主義社会の構造の再生産条件を三項目に定式化し、このうち二つにおいて国家、とくに学校教育が主要な役割を果たすと考えたのである。

■階級構造の再生産条件——プーランツァス

プーランツァスは、アルチュセールから多くを継承しながら独自の理論を発展させた政治学者——もっとも彼の業績は、とうてい一つの学問領域に収まりきるものではないが——で、一九七〇年代以降の国家理論と階級理論では最重要の存在である。彼はまず、アルチュセールの国家のイデオロギー装置と抑圧装置の区別に異議を唱える。

プーランツァスによると、国家を抑圧的、イデオロギー的の二側面のみから把握するのは、言葉の遊びにすぎない。国家は、たとえファシズム国家においてさえ、従属諸階級に対する妥協から、失業対策や大衆の購買力の増進、社会政策などの方策を強いられる。このように国家は、さまざまな経済的諸活動を担っており、抑圧―イデオロギーの対概念では国家の機能を理解することはできない。しかも現代資本主義においては、こうした国家の経済的機能が拡大する傾向があり、むしろ国家の諸機能全体のなかで支配的位置を占めるようになっている。したがって国家装置には、経済・政治・イデオロギーという三審級に対応して、経済装置・抑圧装置・イデオロギー装置の三種類が存在すると考えなければならないことになる。しかし現実の国家装置は、それぞれ排他的に経済的・抑圧的・イデオロギー的にのみ機能するのではなく、資本主義の再生産の諸局面に応じていくつかの機能を併せもつ。こうしてプーランツァスは、「主に○○的に機能する」といったあいまいな基準による区分は、あまり重要ではないと主張する（Poulantzas 1970 = 1983, 1978 = 1984）。

それではプーランツァスは、資本主義社会の構造の再生産という問題に、どのようにアプローチするのか。アルチュセールが生産様式の再生産に注目したのに対して、プーランツァスが注目するのは階級構造の再生産である。そしてプーランツァスは、階級構造が再生産される条件を、次の二つに定式化する（Poulantzas 1974:28-34）。

①諸主体によって占められる階級的諸位置の再生産（諸位置の再生産）

②諸主体の再生産と、これらの階級的諸位置への配分（諸主体の再生産と配分）

プーランツァスによると、①諸位置の再生産は、部分的には国家諸装置にも依存するものの、主要には資本主義的な生産単位である企業によって行なわれている。これに対して②諸主体の再生産と配分においては、国家のイデオロギー装置、とりわけ教育装置が重要な役割を果たす。しかし彼は、ここに多くの限定をつける。そもそも再生産の②の側面は、①の側面に従属している。なぜなら、諸主体の再生産や諸位置への配分は、彼らの選択やアスピレーションによって決定されるのではなく、諸位置の再生産に依存しているからである。たとえば学校は、確かに②に関与するだろう。しかし学校は、諸階級の存在や再生産の決定要因ではない。そうではなく客観的な構造と階級闘争の状況が、学校に「諸主体の再生産と配分」という役割を割り当てているにすぎないのである。しかも諸主体の諸位置への配分を行なうのは、学校ではなく労働市場である。このように学校の機能は、構造的に狭く限定されているのである。

ここでのプーランツァスの説明は、ややわかりにくいと思われるので、一つの例をあげて説明を加えておこう。ある時期のある社会で、多数の工業高校卒業者が製造業の企業に就職し、工場労働者になったとしよう。そのとき、工業高校は工場労働者を再生産したといえるか。そのようにいえるのは、ごく限定的な意味においてでしかない。まず、たとえ工業高校を卒業したとしても、工場がなければ工場労働者になることはできない。つまり彼らが工場労働者になったのは、その社会の製造業全体が社会的再生産過程のなかに組み込まれ、再生産が円滑に進行し、いままで通りの生産組織が存在し続けたからなのである。しかも彼らがその工場に職を得たのは、新規学卒労働市場という特定の労働市場の形態がそこに存在したことによる部分が大きく、労働市場が別の形態をとっていれば、より年長の人々が工場に職を得て、彼らは失業者となるほかなかったかもしれない。さらに工業高校が、工場労働に必要な熟練を彼らに身につけさせていたかどうかも、実は疑わしい。工業高校の教育内容が、現実に工場で求められる労働内容に合致しているという証拠はないし、とくにＯＪＴを中心とした熟練形成が行なわれているといわれる日本の大企業においては、学校で学んだことの重要性は限定されるだろう。したがって工業高校の教育内容が、直接に工場労働者を再生産したわけではない。つまり、この場合に工業高校が多数の卒業者を工場に送り出したというのは、特定の経済構造、新規学卒中心の外部労働市場構造、ＯＪＴを前提とした内部労働市場構造などのコンテキストにその高校が置かれていたことの結果であって、構造的に割り当てられた役割にすぎないのである。

このようにプーランツァスは、学校教育の果たす機能を狭く限定的にとらえたが、それだけに彼の見解は、学校教育の機能をより正確に特定する可能性を開いたともいえる。たとえば上の例でいえば、確かに工業高校は、諸位置の再生産や諸主体の配分に、積極的に関わっているとはいえない。また、熟練形成という意味での諸主体の再生産にも、積極的に関わっているとはいえない。しかし、熟練形成の前提となる基礎的能力の形成や、ボールズ＝ギンタスが指摘したような非認知的能力の形成という意味では、諸主体の再生産に関与したといえるのではないか。また、工業高校をとりまく高校教育全体の学科区分や序列・格差の構造――工業高校は、そこで底辺に近い位置に置かれている――にまで目を広げれば、やはり多くの卒業者は「工業高校卒」だからこそ工場に採用されたのであり、配分のための基準を与えるという意味で、諸主体の配分にも部分的に関与したといえるのではないか。プーランツァスの主張は、このような意味での学校教育の機能の特定に、道を開くものなのである。

■資本主義的蓄積と国家の諸機能――ヒルシュとオコンナー

以上のようなアルチュセールとプーランツァスの理論は、生産様式と階級構造に関する一般的な構造概念にもとづいて組み立てられたものである。したがってそれは、基本的にはすべての社会に共通の図式を論じたものであり、その意味で応用範囲は広いが、その反面、資本主義社会という特定の社会の再生産条件を具体的に明らかにしたとはいえない。これに対して、マルクスが『資本論』で展開した経済学的諸カテゴリーを用いて、資本主義的蓄積の歴史的展開過程から国家の機能諸規定を演繹的・体系的に導出しようとしたのが、ヒルシュである。

ヒルシュが最も重視するのは、利潤率の傾向的低落の法則である。彼によるとこの法則は「貨幣流通においては単なる可能性として措定されていた資本主義の一般的恐慌の絶対的必然性」を示すものである（Hirsch 1973＝1983:202）。しかし、現実には今日まで、このような資本主義の恐慌を通じての崩壊は起こっていない。何かが、この法則の貫徹を修正してきたのである。「国家諸機能の規定にとってここに一つの決定的論点がある」（Hirsch 1973＝1983:203）。そして彼は、利潤率の傾向的低落に反対に作用する諸要因を定式化し、ここから国家諸機能の定式化へと進む。それは、①資本諸関係と一般的生産諸条件の保証、②経済的再生産過程への国家装置の包入、収入の行政的再配分と流通の操縦、③生産力発展の保証、の三つにまとめられる（Hirsch 1973＝1983:214-229）。これらは経済学的な用語で記述されているが、経済的な諸過程のみを指しているわけではない。たとえば、①には融和的な社会政策やイデオロギー的・暴力的抑圧が含まれるし、③には科学＝テクノロジー生産が含まれている。つまりヒルシュは、国家の経済的・非経済的な諸機能を、資本の再生産過程に言及する用語で整理し、体系づけたのである。

先に述べたようにヒルシュは、利潤率の傾向的低落への反対傾向という観点から国家機能をとらえている。しかし国家機能には、利潤率の低落の阻止に直接には貢献しないものもある。たとえば上でふれた、「イデオロギー的・暴力的抑圧」がこれにあたる。彼はこれを、教育・訓練やインフラストラクチュアの創設といった、利潤率低落の阻止に貢献するものとともに「①資本諸関係と一般的生産諸条件の保証」に含めているのだが、ここにはやや一貫性を欠く部分が感じられる。

これに対してジェームズ・オコンナー（O'Connor 1973＝1981）は、このように利潤率低落の阻止には直接に貢献しないものの、国家が果たさざるをえない諸機能を「正統化」として定式化する。彼によると、資本主義国家は一般に、蓄積と正統化という二つの機能を果たさざるをえない。つまり、一方では利潤率を向上させることによって私的資本の蓄積を助け、他方では社会的調和のための諸条件を維持したり創出しなければならないのである。そして彼は、前者のための国家支出を「社会資本（social capital）」、後者のための支出を「社会的損費（social expense）」と呼ぶのである。

さらにオコンナーは、社会資本をいくつかに分類する。まず利潤率を上昇させて私的資本の蓄積を促進する方法には、第一に労働生産性を向上させる、第二に労働力の再生産コストを低下させるという、二つの方法がある。前者のための支出が「社会的投資」、後者のための支出が「社会的消費」である。さらに社会的投資は、物的インフラストラクチュアに対する投資である「物的資本」と、教育と人材開発に対する投資である「人的資本」に分けられる。社会資本のこの区分は、相対的剰余価値の搾出条件にもとづいて明確に理論化されている。彼は、このように国家の諸機能を、財政支出の性格という観点から理論的に定式化したのである。

(4) 資本主義分析の諸水準

以上、四人の論者の主張を検討してきたが、ここで気づくのは、同一の現象・同一の国家機能に対して、複数の異なる表現が可能だということである。たとえば、国家が教育への支出を通じて労働力の再生産に関与し、そのコストを低減させることを、アルチュセールは労働力の再生産、プーランツァスは諸主体の再生産、ヒルシュは一般的生産諸条件の保証、オコンナーは社会的消費と呼ぶだろう。これらの諸規定は同一の国家活動を対象としているが、その機能の把握の概念的な水準を異にしている。われわれはここに、国家機能の把握のための分析の諸水準を、したがって資本主義分析のための分析の諸水準を区別する必要に迫られるのである。

一般に社会諸現象の認識は、重層的な構造をもっている。われわれは、ある行為の結果を日常言語で表現することもあれば、抽象的な術語で表現することもある。その抽象度にはさまざまな段階があるし、また研究者たちは、その理論的立場に応じて異なる表現を用いる。たとえば、学校教育の結果として子どもたちに生じた特定の変化を、人々は「大人になった」「知識や対人関係能力を身につけた」「労働者に要求される行動様式を身につけた」「社会化された」などと表現する。われわれは、こうしたさまざまな表現のなかに意識されることなく伏在している分析の諸水準を明示することによって、これらの表現を対立するものとしてではなく、相互に関連するものとして把握できるだろう。

われわれはここで、資本主義分析のなかに、次の四つの分析の水準を区別することにしよう。

第一の、最も抽象度の高い水準は、生産様式の水準である。生産様式とは、生産諸要素、すなわち生産諸手段と諸主体の特定の結合形態である。この結合のパターンを生産関係、この結合の上で展開される諸要素間の相互作用を生産過程と呼ぶ。この水準においてわれわれが問題とするのは、生産関係と生産過程の形態と変化である。

第二は、階級構造の水準である。一つの生産様式は、諸主体が占めるべき結合上の位置を、何種類か含んでいる。これらの位置を階級的位置と呼び、階級的諸位置の相互関係の構造を階級構造と呼ぶ。諸個人はこれらの階級的諸位置のいずれかに、諸主体としてはめ込まれる。そして、階級的位置を同じくする諸個人を、集合的に階級と呼ぶ。この水準においては、生産様式に規定されながら社会諸階級が取り結ぶ、相互関係や相互作用が問題とされる。

第三は、社会構成体の水準である。社会構成体とは、一つ、もしくは複数の生産様式を中心に構成される社会諸関係の総体であり、単に社会とも呼ばれる。社会構成体は、具体的な生産活動や階級闘争、そして国家諸機能の展開される現実的な場所である。この水準においては、社会諸階級は生産組織、国家諸装置、その他諸集団を通じて、あるいはその制約のもとで、さまざまな集合的行為を展開する。

最後の、最も具体的な水準は、現実の社会諸過程の水準である。社会諸科学で、あるいは日常言語として普通に用いられている、社会諸現象に関するさまざまな経験的・記述的カテゴリーは、この水準に属する。

(5) 資本主義社会の再生産条件と国家の機能分析の諸カテゴリー

以上からわれわれは、資本主義社会の再生産条件を、分析の水準にもとづいて体系的に提示することができる。資本主義社会の再生産とは、これら諸水準の各々における再生産過程の総体である。そしてこの再生産条件は、国家の機能分析が準拠すべき諸カテゴリーを形成する。

■生産様式の再生産

生産様式とは、生産諸要素（生産諸手段および諸主体）の結合形態である。したがって、その再生産は、生産諸要素の再生産と、それらの間の結合関係の再生産にほかならない。

生産様式の再生産
- a　生産諸要素の再生産
  - a_1　生産諸手段の再生産
  - a_2　諸主体の再生産
- b　生産諸要素間の結合関係の再生産

■階級構造の再生産

階級構造とは、諸主体が占めるべき階級的諸位置の相互関係の構造である。したがって、その再生産は、第一に階級的諸位置の再生産、第二に諸主体の再生産である。ここで諸主体の再生産には、①すでに階級構造に組み込まれている諸主体の肉体的・精神的諸能力（これを一般に、労働力という）の再生産と、②減耗した諸主体を補充すべき新しい諸主体の生産、およびこれらの階級的諸位置への配分を含まなければならない。

しかしながら、階級構造が永続的に再生産されるためには、この二つの条件だけでは十分でない。階級構造は収入、権限、労働条件、社会的評価などにおけるさまざまな不平等をともなっている。これらの不平等を諸主体、とくに不利な位置にある諸主体が支持、合意、あるいは容認していなければ、彼らは自らを不利な位置へと構成している階級構造の変革を志向した集合的行為を引き起こす可能性があり、したがって上の二つの条件が満たされることは困難になる。このため階級構造の永続的な再生産のためには、第三に、階級構造にともなう不平等の正統化が必要なのである。

階級構造の再生産

a　階級的諸位置の再生産

b　諸主体の再生産

b_1　諸主体の肉体的・精神的諸能力の再生産

b_{21}　新しい諸主体の再生産

b_{22}　新しい諸主体の階級的諸位置への配分

c　階級構造にともなう不平等の正統化

■社会構成体の再生産

以上のような生産様式と階級構造の再生産は、資本主義的生産の歴史的展開過程のなかで、さまざまな障害に直面する。資本主義的生産の無政府的性格は商品生産の不均衡を生みだし、また労働需給の逼迫や労働者階級の対抗運動による賃金上昇圧力、需要の増大による資源コストの高騰が発生する。さらに長期的には、資本構成の高度化による利潤率の低落傾向も発生する。こうして、経済危機が引き起こされる。一方、資本主義的生産様式の本質的な敵対的性格と社会的性格は、上のような経済危機とも相まって、階級闘争が激化する潜在的な可能性を生みだす。経済危機と階級闘争、この二つは資本主義に内在する潜在的破壊傾向である。これに対応して、資本主義社会（資本主義的社会構成体）の再生産は、第一に資本蓄積の促進、第二に資本主義的な諸秩序の正統化という、二つの条件を必要とするようになる。

これら諸条件は、まずもって、資本主義そのものの自己再生産的メカニズムによって、部分的には充足される。このメカニズムは主に、商品市場および労働市場を通じて作用する。市場メカニズムは経済的不均衡を調整するとともに、各企業に労働生産性向上へのインセンティブを与え、労働コストの低減をもたらす。一方、市場メカニズムは独特の等価交換イデオロギーを成立させる。労働と賃金が等価交換されるというみせかけの下で、労働者と資本家は対等な取り引き相手として現象し、階級関係が「非政治化」されるのである。また経済危機の克服過程では、過剰資本が処理・廃棄されるとともに相対的過剰人口も回復し、さらなる資本蓄積の条件が整えられる。相対的過剰人口の存在の下で労働者は、「よく売れる労働力」であることを労働市場から強制され、資本の支配に服しやすくなる。こうして、階級闘争の激化は市場メカニズムを通じて防止され、経済危機が体制危機に連動しないような構造が成立する。

しかし現実には、この自己再生産的メカニズムには多くの限界があり、資本主義社会の再生産は資本主義の外部に、具体的には国家と市民社会に多くを依存してきた。とくに国家は、意図的・組織的な活動によって、社会構成体の再生産に大きく関与してきた。これら諸活動は、その機能に従って次のように区分される。

資本主義的社会構成体の再生産に対する国家の機能

a　資本蓄積の促進

a_1　社会的投資

a_{11}　物的資本への投資

a_{12}　人的資本への投資

a_2　社会的消費

b　資本主義的諸秩序の正統化

■現実の社会諸過程としての再生産

以上の三つの水準における再生産の諸過程は、さしあたっては経験的・記述的な諸カテゴリーによって把握される。それが、しばしば用いられる「公共投資」「労働者の能力開発」「教育の大衆化」「イデオロギー教化」「労働者階級の分断」などといったカテゴリーである。こうして把握された諸過程は、上の三つの水準における再生産条件と国家活動の諸カテゴリーによって、その理論的な意味を確定される。

一例を示そう。現実の社会諸過程の水準において、学校教育の機能が「職業に必要な技能の訓練」として把握されたとしよう。社会構成体の水準においては、それは社会的消費として把握される。ただし、訓練が既存の労働力の技能水準を超えるものを目的とする場合には、社会的投資（人的資本への投資）としての性格ももつことになる。階級構造の水準においては、それは新中間階級もしくは労働者階級の階級的位置を占める新しい諸主体の再生産と把握される。ただし学校教育が、新しい諸主体をその性質によって区分化することにまで関わるならば、新しい諸主体の階級的位置への配分にも、部分的には関与しているということができる。最後に生産様式の水準においては、それは端的に、諸主体の再生産として把握されることになる。

4　国家機能の決定メカニズム

(1)国家機能の決定要因

先にみたように、国家に対する道具主義的な理解には問題が多い。それは、統一的な意志をもった「支配階級」が、外的な対象としての国家を道具として操作するという理解である。それは、国家がなぜ再生産的に機能するかという問題を、統一的な意志をもった支配階級という架空の主体をもちだすことによって強引に解決しようとするものであり、説明というよりはむしろ、説明の欠如である。

それでは、国家の再生産的な機能は、どのようにして成立するのだろうか。この問題についての四つの代表的見解を検討しよう。

■資源動員による国家への影響

第一の見解は、支配階級が、国家エリートとの間の社会的同質性や個人的コネクション、資源の操作を通じて、国家に影響力を行使するというものである。この立場をとる代表的な論者は、ラルフ・ミリバンドである。

彼によると、国家機構の主要なメンバー（国家エリート）の多くは支配階級の出身者であり、そうでない場合でも支配階級に高度に同化されている。また支配階級は、国家エリートと恒常的に関係を結んでおり、人事面でも交流が深い。このため、支配階級と国家エリートの間には、利害やイデオロギーの同質性が保たれる。また支配階級は、膨大な資源を所有しており、これを動員して政府に影響力を行使することができる。こうして、国家は支配階級の利害に奉仕するようになる、とミリバンドは主張するのである（Miliband 1969＝1970:chap2,3）。

この説明はミルズのパワーエリート論（Mills 1956＝1969）や、ドムホフの「リーダーシップの社会学」（Domhoff

1967 = 1971）に近く、また資源の動員を通じた政策決定への影響という側面からみると、多元主義の利益集団論とも親近性がある。基本的には支配階級が、さまざまな手段を用いて国家に影響し、これを操作しようとするという説明であり、その意味では、支配階級が国家に影響するプロセスを具体的に示した、道具主義のより洗練されたバージョンであるといってよいだろう。ただしミリバンドは、これとは別の説明も行なっている。これについては、後述する。

■国家機能に対する構造的決定

第二の見解は、国家が社会構成体のなかで占めている客観的位置や、国家に加えられている構造的な限定によって、国家の再生産的な機能が保証されるというものである。代表的な論者としては、プーランツァスとエリック・オリン・ライトがあげられる。

プーランツァスは、先にふれたミリバンド＝プーランツァス論争で、国家に対するこうした構造的限定を強調した。彼によると、国家の機能は、ミリバンドの主張するように支配階級や国家エリートの行動に還元することはできない。支配階級の成員が国家に参加しているというのは本質的なことではなく、支配階級の利害と国家の機能は、その固有の内的統一性によって、システム自体の理由によって、照応するのである（Poulantzas 1969）。それでは、システム自体の理由とは何か。それは、国家が「社会構成体の凝集性の要素」だということである。つまり国家は、特定の階級との間に直接的で明白な関係をもつとは限らないが、この階級が支配的である社会構成体の統一性を維持するというその機能のゆえに、支配階級の利害に照応するのである。プーランツァスのこの主張は、国家がなぜ社会構成体の凝集性を維持するように機能するのかという説明を基本的に欠いており、ある種の同語反復である。したがって、これが説明として成立するためには、別の命題を付加する必要があるが、この点については後述しよう。

これに対してライトは、構造的な決定というものの性格を、より明確に示している。彼によると、経済構造は一般に、政治的およびイデオロギー的構造に対して、生じうる形態の限界を設定する。特定の経済構造の下では、ある範囲内の政治的・イデオロギー的構造のみが可能なのである（Wright 1978 = 1986）。たとえば、封建的な経済構造の下では、普通選挙をともなう代議制民主主義は構造的に不可能である。この構造的限界の範囲内でならば、国家はさまざまな形態をとることができ、経済構造に対して再生産的になることも、非再生産的になることもありうる。しかし現実には、構造的限定の下で国家が非再生産的になりうる可能性は低く、国家の再生産的な機能は確実にではないが、蓋然的には保証されることになる。

■国家エリートの利害

第三の見解は、国家エリートの利害や動機によって、国家機能を説明しようとするものである。代表的な論者としてはクラウス・オッフェとフォルカー・ロンゲ、ミリバンドをあげることができる。

オッフェとロンゲによると、政治権力は一般に、租税と資本市場のメカニズムに依存しており、したがって間接的には、私的資本の蓄積に依存している。このため国家権力の担い手たちは、自分の権力を維持するため、私的資本の健全な蓄積の進行に、自らの利害を見いだすようになる。こうして国家は、資本蓄積を促進する方向で機能するようになるのである（Offe & Ronge 1976）。

またミリバンドは、国家エリートの利益と「国益」の観念の関係に注目する。権力の座にある人々は、自己の権力を保持することを望んでいる。しかも彼らは、自らの権力追求が「国益」と合致し、それと同義であると考えている。ところが、同時に彼らは、「国益」は資本家の企業の発展と結びついていると考える傾向があり、そのために彼らは、資本主義の最善の条件を保証しようとするのである（Miliband 1983 = 1986）。

ミリバンドのこの説明では、なぜ国家エリートたちが、「国益」と企業の利益が合致すると考えるのか明確でないが、「国益」が一般に経済発展と同義と考えられているとすれば、説明することは困難ではない。同様に、先に紹介したプーランツァスの説明も、国家エリートたちが社会構成体の凝集性の維持へと動機づけられているという命題を追加できれば、一つの説明として完結するだろう。

■国家の意思決定メカニズム

第四の見解は、意思決定の方式や国家の内部構造に注目するものである。代表的な論者は、ネオ・コーポラティズム論のフィリップ・シュミッター、ゲルハルト・レームブルッフだが、晩年のプーランツァスもこれに近い説明を行なっている。

シュミッターによると、コーポラティズムとは市民社会の諸利益が団体に組織された国家の決定機構へと媒介されていく、代表のメカニズムの一種である。諸団体はそれぞれ、諸階級や諸集団を単一のヒエラルキー的秩序をもった団体へと組織しており、独占的な代表権をもって国家との協調関係に入る。そして、こうした利益代表のコーポラティズム化は、「資本主義がその存立のための諸条件を再生産し、継続してより一層の資源を蓄積していく上での基本的な絶対的要請ないし必要条件と関連している」。というのは、コーポラティズムは先のようなメカニズムを通じて、「国民所得の配分や産業関係の構造をめぐる社会階級の紛争を規制する」ことを可能にするからである（Schmitter & Lehmbruch 1979 = 1984:51,117-8）。

これに対してプーランツァスは、国家は階級関係の凝縮（condensation）であるという観点からアプローチする。支配階級の諸分派は、それぞれ国家装置の内部に自ら権力基盤や代表をもっている。こうして支配階級内部の諸関係は国家へと凝縮され、その諸矛盾は、国家の内部矛盾へと移し替えられる。しかし支配的な分派である独占資本家は、自らを代表する国家装置を支配的なものとし、またすでに存在する支配的な国家装置を自らの根拠地とする傾向がある。こうして国家は、独占資本家のヘゲモニーの下で統一性を獲得する。国家は支配階級と従属階級の関係をも凝縮しており、国家諸装置には従属諸階級の利益につながる部分も含まれるが、これもこの統一性の内部へと吸収される。こうして国家は、支配階級全体の長期的利害を代表し、支配階級と従属階級の間の支配―従属関係を維持する方向で機能するようになるのである（Poulantzas 1978 = 1984）。

(2) 国家機能の重層的決定

このように多くの論者たちが、資本主義国家の機能が資本主義社会の再生産へと方向づけられる過程の説明を試み、さまざまなメカニズムを指摘してきた。これらのメカニズムは、相互に排他的なものではなく、相互に補強・規制しあいながら国家機能を決定していると考えられる。それでは、われわれはこれらのメカニズムの相互関係をどう把握すればよいだろうか。

ここで参考になるのは、ライトのいう「決定の諸様式」の区別である。ライトによると国家は、先にみたように構造的限定を加えられているが、この構造的限定の範囲内で、階級闘争によってさまざまに変形されるとともに、構造的に可能な諸政策のなかから特定の政策を選択する（Wright 1978 = 1986:7-20）。これを上で検討した四つのメカニズムにあてはめるならば、国家は、まず第二のメカニズムである構造的決定によってその機能の基本的な方向を決定され、その上で他の三つのメカニズムによって、さらに具体的な機能諸様式を決定されるということになろう。

この点を詳しく検討する前に、まず国家の概念を明確にしておくことが有益だろう。

資本主義社会は政治諸制度の経済的諸関係からの分離を特質としているが、この政治諸制度は国民国家（nation）単位に高度に集中され、単一の権力機構＝国家（state）を形成する。国家は国家諸装置の組織化された総体としてあらわれる。ここで国家装置を、統制的国家装置と作用的国家装置に区別しよう。統制的国家装置は、プーランツァスのいう「支配的な国家装置」にあたり、議会、行政府、司法機関を含む。統制的国家装置は国家権力の中心的な場であり、作用的国家装置を統制するとともに、法律の制定や行政的諸手段を用いて、社会諸階級や諸集団の行動を規制する。統制的国家装置によって統制されながら、定められた範囲の具体的な活動を担うのは、作用的国家装置である。作用的国家装置は、イデオロギー的国家装置、抑圧的国家装置、経済的国家装置を含み、具体的には、公教育制度、軍隊、警察機構、公共企業体、社会諸政策のための諸制度などからなる(7)。

これら国家諸装置は、まず資本主義社会の構造によってその機能の基本的な方向を決定される。経済的諸関係から分離された政治権力の独占体としての国家の構造的位置は、政治秩序の維持という特定の機能を国家に不可避のものとする。というのは、政治秩序の崩壊とは国家それ自体の崩壊を意味するからである。ただし、このことは、国家が政治秩序の維持のために経済的秩序を全面的に再編成する可能性を排除するものではない。つまり、そのことによってのみ政治秩序を維持できるような例外的な情勢下においては、政治権力による経済構造の改変が起こりうるのである。

他方、作用的国家諸装置は、多様かつ具体的な諸作用を担うが、これらのなかには、それ自体としては中立的な性質のものも少なくない。しかしこれらの諸作用も、資本主義社会の構造的コンテキストにおいては、特定の機能としてあらわれざるをえない。たとえば、学校教育制度は、原則としてすべての若年層に対して定期的に教育・訓練を施し、資格の付与とともに外へ送り出すが、このような作用は、労働市場を通じて諸主体の配分が行なわれる資本主義社会の構造的脈絡においては、諸主体の再生産という機能的意味を帯びざるをえないのである。

こうした構造的決定の上で、国家諸装置はいくつかのメカニズムによって、その具体的な機能諸様式を決定される。

そのメカニズムを示したのが、**図表10・1**である。決定のメカニズムは二つに大別することができる。第一に社会諸階級からの影響、第二に統制的国家装置のメンバー自身の利害や動機である。

社会諸階級は、統制的国家装置によってその行動を制約されながらも（⑤）、いくつかのやり方で国家諸装置に影響する。まず社会諸階級は、自らの代表を直接に送り込んだり、あるいはさまざまな経済的・社会的資源を用いることによって、統制的国家装置に影響する（②）。ここでの社会諸階級の影響力は、その動員する経済的・社会的諸資源の量に大きく左右される。したがって、一般にここでは、支配階級の影響力が大きくならざるをえない。社会諸階級の相反する諸利害は、支配階級の利害の優先性の下で、統制的国家装置の内部構造を通じて集約され、国家政策へとまとめあげられる。この過程で統制的国家装置は、支配階級の諸分派の諸利害を調整し、併せて従属諸階級の諸利害を部分的に政策に取り込む。こうして、支配階級全体の長期的利害を保証するとともに、従属諸階級の利害にも一定程度応える政策形成が行なわれる。こうして国家は、資本主義社会の構造の再生産に対して機能的であり続けるとともに、自らの正統性を確保する。

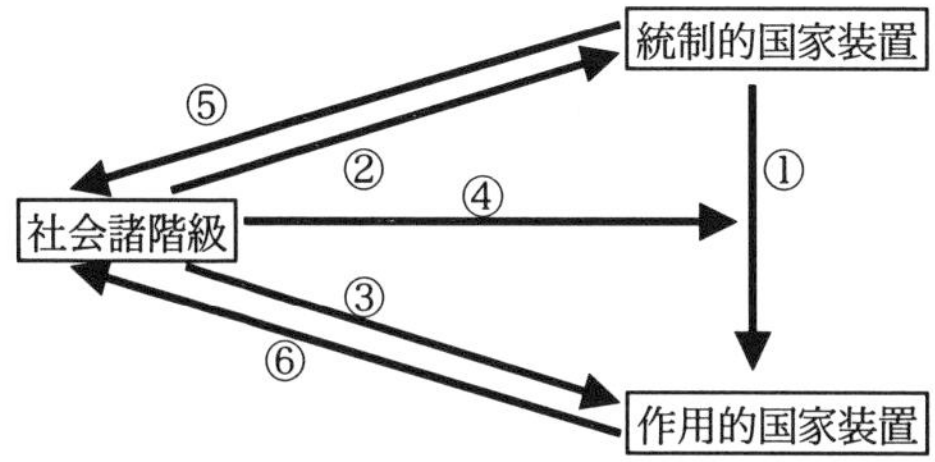

①：統制的国家装置による作用的国家装置の統制
②：社会諸階級の統制的国家装置への影響
③：社会諸階級の作用的国家装置への影響
④：社会諸階級による統制的国家装置の統制に対する介入
⑤：統制的国家装置による社会諸階級の行動の制約
⑥：作用的国家装置の社会諸階級に対する諸機能

図表10・1　社会諸階級と国家装置

社会諸階級はさらに、同様の手段によって作用的国家装置に影響する。作用的国家装置に加えられている統制の性格（これは社会的・歴史的に異なる）にもよるが、諸階級は、自らが必要とする機能を備えた作用的国家装置を設立したり、既存の作用的国家装置を変型したりする（③）。また諸階級は、統制的国家装置の作用的国家装置に対する統制に介入することによって、影響力を行使する場合もある（④）。これらの経路においても、やはり一般に、支配階級の影響力の優位性は変わらない。しかし統制的国家装置に対する影響力の場合とは異なり、統制的国家装置からの要求のサボタージュ、作用的国家装置の利用拒否、作用的国家装置の具体的機能形態に対する要求といった、消極的または日常的な手段が可能になるため、従属諸階級の影響力も相対的には大きい。

一方、統制的国家装置のメンバーたちは、しばしばこうした社会諸階級からの影響から独立に、積極的な役割を果たす。彼らは、諸階級からの影響力を作用的国家装置へと媒介するだけではなく、既存秩序の維持や経済成長の達成を通じて自らの権力を維持・拡大しようとする。また、ある場合には彼らは、真に国民国家の安定と発展を願っている。そのため彼らは、構造的限定や社会諸階級の影響力の範囲内で、既存秩序の維持、経済成長といった、資本主義社会の構造の再生産につながる目標に向けて作用的国家装置を編成し、方向づけようとする（①）。

これらの経路の相対的な重要性は、社会的・歴史的に異なる。たとえば統制的国家装置が強力である場合には①、②の経路が優越するが、そうでない場合には③の経路の重要性が高まるだろう。諸経路の相対的な重要性を明らかにしたり、その具体的形態を特定化したりすることが、国家機能の決定メカニズムの分析の、中心的な作業となる。

5　国家活動の社会学へ

先に指摘したように、資本主義国家論は社会学の多くの個別領域に影響を及ぼしてきた。社会学はもともと、教育、福祉・医療、都市計画、地方自治などといった、国家活動に直接・間接に関わる個別社会領域を対象としてきたから、資本主義国家論を受け入れる必然性は十分にあったといってよい。問題は、このことが従来の社会学の領域設定に及ぼす影響である。これは二つの方向をとる。一つは、社会学とその隣接科学である経済学・政治学の境界に関わるものであり，もう一つは、上にあげたような社会学内部の領域設定に関わるものである。資本主義国家論が提起したさまざまな論点は、この二面において、従来の領域設定の再考を迫るのである。ここでは、後者の問題にのみ言及しておこう。

社会学内部の領域設定は従来、直接的な対象の異同にもとづいて行なわれてきた。しかし、これらの直接的な諸対象の理論的意味や、資本主義社会の構造に対する効果を扱う場合には、しばしばこうした領域設定が無意味であるばかりでなく有害となる。というのは、こうした領域設定によって、それらの諸対象の国家活動の一環としての統一性が見失われたり、それが置かれた構造的コンテキスト全体への視野を欠いた、対象の個別的な性質に依拠した概念設定にとどまってしまう危険性が大きいからである。

こうした危険は、これらの諸領域を、国家活動の社会学の各下位領域として再編成する以外にはない。つまり、個別社会学の国家論による「総括」（村上 1987）である。このとき国家活動の社会学は、作用的国家装置の諸機能を扱う科学として、現代資本主義分析のなかに固有の位置を占めることができるだろう。

注

第一章

（1）「文化」のさまざまな概念を検討した代表的な例としては、宮島（1983）、Williams（1976＝1980, 1981＝1985）、吉田（1988）などがあげられる。

（2）この点については、日本アジア・アフリカ作家会議（1985）、奥村（1988）を参照。

第二章

（1）市民社会の概念は論者によって一定しないが、ここでは主に、ジョン・アーリー（Urry 1981）の市民社会概念に依拠している。これは、社会構成体を市場経済、国家、市民社会の三領域に区別するものである。

（2）この難点を克服して、国家概念をより明確にする方策については、第一〇章で論じることにする。

（3）ただし、属人的要因のなかでも人種・民族や性は今日でも影響力を失っておらず、資格と並んで諸個人を各階級に配分する重要な基準となっている。

（4）「学歴と文化資本の関係は、貨幣と経済資本の関係に等しい。同一の証状をもつすべての人々に同一の価値を与え、彼らが他のどの人々の位置でも取得できるようにすることによって、教育システムは文化資本の自由な流通の障害物を最小化する」(Bourdieu 1977:187)。

（5）アルチュセールは、人々は科学的認識によってイデオロギーの外部に出ることができるとしているが、科学的認識の存在拘束性を無視したこうした素朴な議論はわれわれにとって受け入れがたい。そもそも、科学的認識とイデオロギー的認識の二項対立を立てた上でこのように論ずることは、一種の循環論法にすぎない。

（6）ここでの「分裂した主体」というアイデアは、山崎（1989）から得たものである。
（7）ポストフォーディズム的な労働の編成は、その形態によってはこうした主体形成の基盤となる可能性がある。

第三章

（1）本章では「文化」という用語を、第一章・第二章で検討したような文化の諸要素の混成体の意味で使用している。つまりここでいう「文化」とは、知的・芸術的(もしくは趣味的)な諸活動、これら諸活動に対する性向、諸活動の生産物の総体である。
（2）Bourdieu & Passeron（1964 = 1997, 1970 = 1991）、Bourdieu（1987 = 1989）などを参照。
（3）『ディスタンクシオン』の訳者である石井洋二郎は、原著では同一の用語があてられている規範的な意味での文化（キュルチュール）を「教養」、社会科学的な意味での文化（キュルチュール）を「文化」と訳し分けている。引用はこれに従ったものだが、私の〈文化〉＝「教養」と「文化」の区別はこれとほぼ正確に対応している。
（4）今回のデータは時期的にも古く、また大学生のみを対象としている点で、多くの限界がある。しかしながらこれらの調査研究は、日本における文化と社会階層に関する実証研究の方法を確立したという意味で先駆的な意義を有しており、現時点でもその価値を失っていない。しかしその多くは、大学の紀要論文（藤田・宮島・秋永・橋本・志水（1987）、橋本（1989））や、学会発表論文（橋本 1991b）としてのみ発表されたため、今日では入手が困難になっている。このため今回は、こうした限界にはあえて目をつぶり、初出時の分析をそのまま提示している。なお一時期、ほとんど同一の設問を用いた調査データにもとづき、同趣旨の方法による分析を行なって、これを自分のオリジナルな分析アイデアであると主張する人物があらわれたが、調査・発表時期から明らかなように、オリジナルはこれらの私の研究である。
（5）大学生調査Aの主要な設問は、ほぼそのままの形で一九九五年ＳＳＭ調査に盛り込まれたため、現時点では諸階級の世代的再生産に関する分析がデータ的に可能になっている。すでに行なわれた研究としては、橋本摂子（1998）、白倉（2000）、片岡（2000）などがあり、また私自身、橋本（2001）の第4章で分析を行なっている。
（6）具体的には、図表3・4に示した文化的活動で、「楽器を演奏する」を除く八項目のうち、回答者が行なっている文化的活動の文化評価スコアを、「かなりある」と答えた項目に一・〇、「すこしある」と答えた項目に〇・五のウエイトを与えて加重平均した。

第四章

（1）もっとも、ジェンダーと教育に関する研究が教育機会の平等というリベラル・フェミニズム的な問題設定に傾斜しがちなのは、日本だけの傾向ではない。アーノット（Arnot 1993）は主に英国の研究を取りあげながら、従来の研究がリベラル・フェミニズムの問題設定を暗黙のうちに受け入れることによって、本来は批判すべき対象だったはずの社会民主主義的諸原理を温存することになったと指摘している。

第五章

（1）ただしこれについては、狭義のセクシュアル・ハラスメントと区別して「ジェンダー・ハラスメント」と呼ぶべきだとする見解もある。

第六章

（1）これについては、橋本（1999a, 2001）を参照。

（2）一九六一年に実施された「ＳＳＭ主婦調査」では女性も調査対象に含められているが、対象地は東京区部のみである。分析結果は、安田（1971）に収められている。

（3）大橋らがこのように階級カテゴリーを変更した背景には、実は政治的な要因もあった。これについては、橋本（1999a）の第一章を参照されたい。

（4）日本共産党中央委員会経済調査部（1965）にはすでに男女別階級構成表があるが、本格的な研究としてはスティーブンの研究（Steven 1983）が最初である。

(5) カテゴリーの構成は、次の通りである。
資本家階級　従業先規模が五人以上の経営者・役員・自営業者・家族従業者
新中間階級　専門・管理・事務に従事する被雇用者（ただし、女性では事務を除外）
労働者階級　専門・管理・事務以外に従事する被雇用者（女性では事務を含める）
旧中間階級　従業先規模が五人未満の経営者・役員・自営業者・家族従業者
(6) 吉田がこのように結論した一つの材料は、昭和初期に行なわれた卒業生調査である。しかし有職率が二〇%以下ときわめて低く、しかもそのほとんどが近代セクターの被雇用者であることからみて、この調査ではもともと、自営・家族従業者が「有職者」とみなされていなかったようである。
(7) ただしウェスターガードは後に、この説明は簡潔にすぎたとし、「性や人種の不平等は、それ独自の不平等を階級的不平等に付け加える」と、性による不平等の重要性をより明確にしている（Westergaard 1995）。
(8) マルクス主義フェミニズムのこうした諸潮流についてのすぐれた解説としては、古田（1997）がある。

第七章

(1) この点について詳しくは、藤田（1980）、岩木・耳塚編（1983）、耳塚（1985）、菊地（1986）などを参照。
(2) 普通科を区分する基礎資料としては、一九八〇年三月発行の『サンデー毎日』記載の大学合格状況を用いた。この資料には、全国の高等学校のうち、進学校もしくはこれに準ずる学校のみが掲載され、さらに各高校ごとに有名大学への合格者数が記載されている。これにもとづいて、普通科を次のように区分した。
普通科A：旧帝国大学、東京工業大学、一橋大学合格者数が計五名以上の高校
普通科B：『サンデー毎日』記載の、その他の高校
普通科C：『サンデー毎日』に記載のない高校
なお、この高校タイプ区分は、中西祐子によるものである。この区分を用いた分析としては、中西・中村・大内（1997）がある。本章の基本的な着想の一部は、この論文の著者である三人との共同研究から得られたものである。

（3）この結論に対して、高校タイプの基礎になった資料が、ベビーブーム以後世代に関係する一九八〇年のものである以上、ベビーブーム以後で関連が強まるのは当然だという批判もありえよう。しかし高校間の序列は高度に安定的であることが知られており、このことが結論に大きく影響しているとは考えにくい。

第八章

（1）日本人が日常生活の上で「階級」の存在を意識することが少ないといわれる理由の一つは、ここにあると考えられる。つまり、新中間階級と労働者階級の違いが大卒と高卒の違いにあまりにも正確に一致していたため、人々は階級間の違いを「学歴の違い」としか意識しなかったのである。

（2）総合選抜とは入学者を選抜する方法の一つで、複数の学校を含む学区内の入学定員合計にあたる合格者をまず決定し、その後で入試成績や通学距離、本人の希望などを考慮して合格者を各学校に配分する方法である。この方法によると、学校間で入学者の特性や成績に大きなばらつきが出なくなるほか、入学定員に無駄が出にくくなるなどの利点がある。

第九章

（1）なお、『学校基本調査』の卒業後の状況調査には被雇用と自営の区別がないが、新規学卒時の職業なので、農業以外はほとんどが被雇用だと考えて差し支えない。

（2）二〇〇三年二月、第一五六国会に提出された「国立大学法人法案」には、中期目標は文部科学大臣が定めること、国立大学法人は中期目標に基づいて中期計画を作成し、文部科学大臣の認可を受けることが明記された。

第一〇章

（1）代表的な著作としては、Bourdieu & Passeron（1964 = 1997）、Bowles & Gintis（1976 = 1987）、Willis（1977 = 1985）があげられる。

（2）Bowles（1971＝1980）、Bowles & Gintis（1976＝1986）を参照。なお、彼らの論文や著書は多様なテーマを含み、しかもやや一貫性に欠ける部分がある。ここでの要約は、これらを論理的に再構成したものであり、必ずしもこの通りの記述があるというわけではない。

（3）道具主義とこれをめぐる論争については、田口（1979）を参照。

（4）こうした国家論のその後の展開については、加藤（1994）を参照。

（5）ただし、資本の有機的構成の高度化は現実に観察される経験的法則ではない。それは資本主義経済の現実の動態に伏在する、傾向的法則である。

（6）再生産という過程をこのように動的に把握する点が、マルクス主義的な再生産理論を、機能主義理論と区別する決定的な相違である（Hall 1981:20）。機能主義理論は、システムの再生産を前提とし、そこからの逸脱傾向を説明しようとする。これに対してマルクス主義的な再生産理論は、危機傾向や矛盾の存在にもかかわらず資本主義社会が再生産されるのはなぜか、という問いに答えようとするのである。

（7）このように二種類の国家装置を区別することは、国家装置の概念を明確にするために不可欠であると考えられる。たとえばアルチュセールのいう国家のイデオロギー装置は、一般には国家に属すると考えにくい諸制度（マスコミ、教会、組合、家族など)を含んでおり、国家や国家装置の概念を混乱させるなどと批判されてきた（Miliband 1969＝1970:84, 藤田 1980:41）。しかし、このように統制的国家装置と作用的国家装置を区別し、イデオロギー的諸制度のうち統制的国家装置からの統制に服しているもののみを国家のイデオロギー装置と呼ぶことにすれば、こうした概念的な問題は解消される。同一種類の制度でも、それが統制的国家装置から受ける統制の質や強さには社会的・歴史的なバリエーションがあり、これらを国家装置とみなすかどうかは具体的な研究によって確定される。

あとがき

本書は、これまでに発表した論文をもとに、書き下ろしの部分を追加したり、加筆・修正を行なったり、複数の論文を再構成して統合するなどしてまとめたものである。各章のなりたちは、次の通りである。

第一章　橋本（1991a）に加筆。
第二章　橋本（1994a）に加筆。
第三章　藤田・宮島・秋永・橋本・志水（1987）の橋本執筆部分、橋本（1989）、橋本（1991b）のそれぞれ一部を論理的に再構成するとともに、かなりの部分を書き下ろした。
第四章　橋本（1999b）に加筆。
第五章　橋本（2000b）に加筆。
第六章　橋本（1997）と橋本（2000a）のそれぞれ一部を論理的に再構成するとともに、一部を書き下ろした。
第七章　橋本（1994b）の一部を取り込むとともに、大部分を書き下ろした。

第八章　橋本（1996）を基本に、一部を書き下ろし、データを追加した。
第九章　橋本（2002）に加筆。
第一〇章　橋本（1984a）の一部、橋本（1984b）の一部、橋本（1987）の大部分を論理的に再構成するとともに、かなりの部分を書き下ろした。

序でも述べたが、本書のテーマは現代社会学の基本問題に関わるものであり、終わりなき探求を運命づけられたテーマである。もとより、研究に完成などというものがあろうはずはない。しかし、二〇年近くにわたる研究の成果を、ここでひとまず集大成して世に問うとともに、これからの出発点にしたいという考えから、さらには、その重要さにもかかわらず、必ずしも多くの研究者を引きつけているとはいえないこのテーマに対して、研究者たちの関心を喚起したいという思いから、このような形での公表に踏み切ることにした。出版を勧めてくださるとともに、編集の労をとっていただいた、東信堂の下田勝司氏と二宮義隆氏に、深く感謝したい。

二〇〇三年六月

著　者

の挑戦』勁草書房).
Westergaard, J., 1993, *Class in Britain since 1979 : Facts, Theories and Ideologies*. (渡辺雅男訳, 1993, 『イギリス階級論』青木書店).
Westergaard, J., 1995, A Response to Dr. Kenji Hashimoto. (渡辺雅男訳, 1995, 「橋本健二氏への返答」『一橋論叢』第 113 巻第 2 号).
Williams, R., 1976, *Keywords*, William Collins. (岡崎康一訳, 1980, 『キイワード事典』晶文社 1980).
Williams, R., 1981, *Culture*, William Collins. (小池民男訳, 1985, 『文化とは』晶文社).
Willis, P., 1977, *Learning to Labour*, Gower. (熊沢誠・山田潤訳, 1985, 『ハマータウンの野郎ども』筑摩書房).
Wright, E. O., 1978, *Class, Crisis and the State*, New Left Books. (江川潤訳, 1986, 『階級・危機・国家』中央大学出版会).
Wright, E. O., 1979, *Class Structure and Income Determination*, Academic Press.
Wrigley, J., 1980, Class Politics and School Reform in Chicago, in, Zeitlin, M. (ed.), *Classes, Class Conflict and the State*, Winthrop.

山崎カヲル, 1989, 「イデオロギーと主体の構成」田辺繁治編『人類学的認識の冒険』同文舘.
矢野眞和, 1982, 「入学と就職の経済学」市川昭午・菊池城司・矢野眞和『教育の経済学』第一法規.
矢野眞和, 1996, 「生涯仕事社会の構築と教育改革」市川昭午・連合総合生活開発研究所編『生涯かがやき続けるために』第一書林.
安田三郎, 1971, 『社会移動の研究』東京大学出版会.
吉田文, 1991, 「高女教育の社会的機能」天野郁夫 (編) 『学歴主義の社会史』有信堂高文社.
吉田禎吾, 1988, 「文化」石川栄吉・梅棹忠夫・大林太良・蒲生正男・佐々木高明・祖父江孝男編『文化人類学事典』弘文堂.

白倉幸男，2000，「ライフスタイルと生活満足」今田高俊編『社会階層のポストモダン (日本の階層システム 5)』東京大学出版会.

Smith, D., 1987, *The Everyday World as Problematic: a Feminist Sociology*, Open University Press.

Stalin, J. V., 1924, *The Foundations of Leninism*. (スターリン全集刊行会訳，1952，『レーニン主義の基礎』大月書店).

Steven, R., 1983, *Classes in Contemporary Japan*, Cambridge University Press.

Stoller, R., 1968, *Sex and Gender*, Science House. (桑畑勇吉訳，1973，『性と性別』岩崎学術出版社).

田口富久治，1979，『マルクス主義国家論理新展開』青木書店.

高木正道，1988，『ヨーロッパ初期近代の諸相――経済史と心性史の間』梓出版社.

武内清，1985，「女子の生徒文化の特質」『教育社会学研究』第 40 集.

Trow, M., 1961, The Second Transformation of American Secondary Education, *International Journal of Comparative Sociology* 2:144-165. (天野郁夫訳，1980，「アメリカ中等教育の構造変動」潮木・天野・藤田編訳『教育と社会変動 (下)』東京大学出版会).

Trow, M., 1973, *Problems in the Transition from Elite to Mass Higher Education*, OECD. (天野郁夫・喜多村和之編訳，1976，『高学歴社会の大学』東京大学出版会).

粒来香，1995，「兄弟順位と社会移動」佐藤俊樹 (研究代表)『階層・移動研究の現在』平成六年度科学研究費補助金研究成果報告書.

植垣康博，1984，『兵士たちの連合赤軍』彩流社.

Urry, J., 1981, *The Anatomy of the Capitalist Societies,* Macmillan. (清野正義監訳，1986，『経済・市民社会・国家』法律文化社).

Walby, S., 1990, *Theorizing Patriarchy,* Blackwell.

Wallerstein, I. (ed.), 1991, *The World Economy,* Fernand Braudel Center & The Research Foundation of the State University of New York. (山田鋭夫他訳，1991，『ワールド・エコノミー』藤原書店).

Weber, M., 1905, *Die Protestanische Ethik und der Gaist des Kapitalismus.* (大塚久雄訳，1989，『プロテスタンティズムの倫理と資本主義の精神』岩波書店).

Wheelock, Anne., 1992, *Crossing the Tracks: How "Untracking" can save America's Schools*, The New Press.

Werlhof, C.v., 1986, Zum Verhältnis von "Staat" und "Kapital" und "Patriarchat", Hummel, D.u.a.(Hg.), *Kein Staat mit diesem Staat?*,Bielefeld. (善本祐子訳，1995，「『国家』と『資本』と『家父長制』の関係をめぐって」古田睦美・善本祐子訳『世界システムと女性』藤原書店).

West, J., 1978, Women, Sex and Class, in, Kuhn, A. & Wolpe, A. M., 1978, *Feminism and Materialism*, Routledge and Kegan Paul. (上野千鶴子・千本暁子・住沢とし子・児玉佳与子・矢木公子・渡辺和子訳，1984，『マルクス主義フェミニズム

大沢真理，1992，「現代日本社会と女性」東京大学社会科学研究所編『現代日本社会 6 問題の諸相』東京大学出版会.

Polanyi, K., 1957, *The Great Tranformation*, Beacon Press. (吉沢英成・野口建彦・長尾史郎・杉村芳美訳，1975，『大転換――市場社会の形成と崩壊』東洋経済新報社).

Poulantzas, N., 1968, *Pouvoir Politique et Classes Sociales*, Maspero. (田口富久治・山岸広一訳，1978-81，『資本主義国家の構造――政治権力と社会階級 I・II』未来社).

Poulantzas, N., 1969, *The Problem of the Capitalist State,* New Left Review, 58.

Poulantzas, N., 1970, *Fascisme et Dictature*, Edition du Seuil. (田中正人訳，1983，『ファシズムと独裁』批評社).

Poulantzas, N., 1974, *Les Classes Sociales dans le Capitalisme Aujourd'hui*, Seuil. Fernbach, D.(tr.), 1978, *Classes in Contemporary Capitalism*, Verso.

Poulantzas, Nicos, 1978, *L'État, le Pouvoir, le Socialism,* Presses Universitaires de France. (田中正人他訳，1984，『国家・権力・社会主義』未来社).

Reeve, A., 1986, *Property*, Macmillan. (生越利昭・竹下公視訳，1989，『所有論』晃洋書房).

Reich, C., 1970, *The Greening of America*, Random House. (邦高忠二訳，1971，『緑色革命』早川書房).

Roemer, J.E., 1982, *A General Theory of Exploitation and Class*, Harvard University Press.

佐伯尚美，1968，「農家人口の流出と農家の変動」東畑精一編『日本農業の変革過程』岩波書店.

佐藤俊樹，2000，『不平等社会日本』中央公論社.

Schmitter, P. C. & Lehmbruch, G., 1979, *Trends toward Corporatist Intermediation*, Sage. (山口定監訳，1984，『現代コーポラティズム I』未来社).

Schulz, T., 1961, Investment in Human Capital, *American Economic Review*, vol.51., in, Karabel, J. and Halsey, A.H. (eds.), 1977, *Power and Ideology in Education*, Oxford University Press.

関戸鉡二，1982，「教科書『現代社会』の比較検討六　現代に生きる倫理」全国民主主義教育研究会編『高校「現代社会」――教科書攻撃と授業実践』青木書店.

Sen, Amartya, 1985, *Commodities and Capabilities*, Elsevier Science Publishers. (鈴村興太郎訳，1988，『福祉の経済学』岩波書店).

島一則，1999，「大学進学行動の経済分析――収益率研究の成果・現状・課題」『教育社会学研究』第 64 集.

島一則，2001，「高度成長期以降の大学進学行動と教育機会に関する実証的研究」(東京工業大学社会理工学研究科博士論文).

森繁男，1995，「幼児教育とジェンダー構成」竹内洋・徳岡秀夫編『教育現象の社会学』世界思想社.
森建資，1988，『雇用関係の生成』木鐸社.
森田成也，1997，『資本主義と性差別――ジェンダー的公正を求めて』青木書店.
村上和光，1987，『国家論の系譜』世界書院.
村上健次・川北稔編著，1986，『イギリス近代史――宗教改革から現代まで』ミネルヴァ書房.
牟田博光，1986，「高等学校の学区制と進学校の地域分布」『国立教育研究所研究収録』No.13.
武藤一羊編，1969，『学生運動（現代革命の思想８）』筑摩書房.

永田正臣編著，1985，『産業革命と労働者』ミネルヴァ書房.
中村章，1982，『工場に生きる人びと』学陽書房.
中西祐子・堀健志，1997，「『ジェンダーと教育』研究の動向と課題――教育社会学・ジェンダー・フェミニズム」『教育社会学研究』第 61 集.
中西祐子・中村高康・大内裕和，1997，「戦後日本の高校間格差成立過程と社会階層」『教育社会学研究』第 60 集.
中山章，1988，『イギリス労働貴族――19 世紀におけるその階層形成』ミネルヴァ書房.
中安定子，1965，「農家出身者の就業構造」『日本の農業 38』（中安定子，1995，『労働力流出と農業構造』農林統計協会，に再録）.
並木正吉，1957，「戦後における農業人口の補充問題」『農業総合研究』第 12 巻第 1 号.
日大全学共闘会議，1968，「日大闘争の意義と任務」高沢晧司・蔵田計成編，1984，『新左翼理論全史』新泉社.
日本アジア・アフリカ作家会議編，1985，『文化の支配と民衆の文化』社会評論社.
日本共産党中央委員会経済調査部，1965，「日本の階級構成の現状」『前衛』1965 年 2 月号.
野尻重雄，1942，『農民離村の実証的研究』岩波書店.

O'Connor, J., 1973, *Fiscal Crisis of the State*, St.Martin's.（池上惇・横尾邦夫監訳，1981，『現代国家の財政危機』御茶の水書房）.
ＯＥＣＤ教育調査団（深代惇郎訳），1976，『日本の教育政策』朝日新聞社.
Offe, C. and Ronge, V., 1976, Theses on the Theory of the Stete, in, Dale, R., Esland, G., Fergusson, R. & MacDonald, M.(eds.), *Education and the State*, vol.1, The Falmer Press.
大橋隆憲，1964，「現代日本の階級構成」『経済論叢』第 93 巻第 3 号.
大橋隆憲，1968，「戦後日本の階級構成と最高経営者層中核部」『現代の経済と統計――蜷川虎三先生古希記念』有斐閣.
大橋隆憲（編著），1971，『日本の階級構成』岩波書店.
奥村隆，1988，「〈貧困の文化〉と生活世界の再生産」『ソシオロゴス』No.12 .

Lipset, S.M. & Bendix, R., 1959, *Social Mobility in Industrial Society*, University of California Press. (鈴木弘訳, 1969, 『産業社会の構造』サイマル出版会).

Macpherson, C.B., 1973, *Democratic Theory*, Oxford University Press. (西尾敬義・藤本博訳, 1978, 『民主主義理論』青木書店).

Mann, M, 1986, A Crisis in Stratification Theory?, in, Crompton, R. & Mann, M.(eds.), *Gender and Stratification*, Polity Press.

Marcuse, H., 1937, ber den Affirmativen Carakter der Kulture. (田窪清秀訳, 1972, 「文化の現状肯定的性格について」『文化と社会(上)』せりか書房).

丸山真男, 1964, 『現代政治の思想と行動』未来社.

Marx, K. & Engels, F., 1845-46, *Die Deutsche Ideologie*. (真下伸一・藤野渉・竹内良知訳, 1963, 『ドイツ・イデオロギー』『マルクス・エンゲルス全集』第 3 巻, 大月書店).

Marx, K., 1859, *Zur Kritik der Politischen Ökonomie*. (杉本俊朗訳, 1964, 『経済学批判』『マルクス＝エンゲルス全集』第 13 巻, 大月書店).

Marx, K., 1867, *Das Kapital* Bd.1. (岡崎次郎訳, 1965, 『資本論第 1 巻』『マルクス＝エンゲルス全集』第 23 巻, 大月書店).

Marx, K., 1894, *Das Kapital* Bd.3. (岡崎次郎訳, 1966-67, 『資本論第３巻』『マルクス＝エンゲルス全集』第 25 巻, 大月書店).

Miliband, R., 1969, *The State in Capitalist Society*, Weidenfeld and Nicolson. (田口富久治訳, 1970, 『現代資本主義国家論』未来社).

Milliband, R., 1983, *Class Power and State Power*, Verso. (田口富久治他訳, 1986, 『階級権力と国家権力』未来社.

Mills, C. W., 1956, *The Power Elite*, Oxford University Press. (鵜飼信成・綿貫譲治訳, 1969, 『パワーエリート』東京大学出版会).

耳塚寛明, 1985, 「進路選択にとって学校とは」天野郁夫・松本良夫編『学校を問い直す』有信堂高文社.

宮出秀雄, 1956, 『農村潜在失業論』有斐閣.

宮島喬, 1983, 「文化と宗教」細谷昂・高橋明善・八木正・元島邦夫編著『社会学の視角』アカデミア出版会.

宮崎あゆみ, 1991, 「学校における『性役割の社会化』再考」『教育社会学研究』第 48 集.

水島茂樹, 1983, 「労働者の生活様式と資本蓄積の体制(上)」『経済評論』1983 年 4 月号, 日本評論社.

文部省, 1994, 『我が国の文教政策』大蔵省印刷局.

森繁男, 1985, 「学校における性役割研究と解釈的アプローチ」『京都大学教育学部紀要』31 号.

森繁男, 1989, 「性役割の学習としつけ行為」柴野昌山編『しつけの社会学』世界思想社.

森繁男, 1992, 「『ジェンダーと教育』研究の推移と現況」『教育社会学研究』第 50 集.

乾彰夫, 1990, 『日本の教育と企業社会』大月書店.
岩木秀夫・耳塚寛明編, 1983, 『高校生 (現代のエスプリ, No.195)』至文堂.

亀田温子・舘かおる, 1987, 「学校におけるセクシズムと女性学教育」女性学研究会編『女の目で見る (講座女性学 4)』勁草書房.
神田道子・亀田温子・浅見伸子・天野正子・西村由美子・山村直子・木村敬子・野口真代, 1985, 「『女性と教育』研究の動向」『教育社会学研究』第 40 集.
Karabel, J. and Halsey, A.H. (eds.), 1977, *Power and Ideology in Education*, Oxford University Press. (潮木守一・天野郁夫・藤田英典編訳, 1980, 『教育と社会変動 (上)』東京大学出版会).
片岡栄美, 2000, 「文化的寛容性と象徴的境界――現代の文化資本と階層再生産」今田高俊編 『社会階層のポストモダン (日本の階層システム 5)』東京大学出版会.
片瀬一男・友枝敏雄, 1990, 「価値意識――社会階層をめぐる価値志向の現在」原純輔編『階層意識の動態 (現代日本の階層構造 2)』東京大学出版会.
加藤哲郎, 1994, 『現代レギュラシオンと国家』田口富久治・加藤哲郎編『現代政治学の再構成 (講座・現代の政治学第 1 巻)』青木書店.
川上宏, 1972, 『緑色市場――ユース・マーケティング:若者文化からのアプローチ』ビジネス社.
川島武宜, 1957, 『イデオロギーとしての家族制度』岩波書店.
菊地栄治, 1986, 「中等教育における『トラッキング』と生徒の分化過程」『教育社会学研究』第 41 集.
木村涼子, 1990, 「ジェンダーと学校文化」長尾彰夫・池田寛編『学校文化』東信堂.
木村涼子, 1999, 『学校文化とジェンダー』勁草書房.
栗原百寿, 1943, 『日本農業の基礎構造』中央公論社.
高坂健次・宮野勝, 1990, 「階層イメージ――イメージ形成過程への数理的アプローチ」原純輔編『階層意識の動態 (現代日本の階層構造 2)』東京大学出版会.
倉沢進, 1987, 「都市的生活様式論序説」鈴木広・倉沢進・秋元律郎編著『都市化の社会学理論』ミネルヴァ書房.
黒羽亮一, 1994, 『学校と社会の昭和史 (下)』第一法規.

Lacan, J., 1949, *Le Stade du Miroir comme formateur de la fonction du je*. 宮本忠雄, 1972, 「〈わたし〉の機能を形成するものとしての鏡像段階」宮本忠雄・竹内迪也・高橋徹・佐々木孝次訳『エクリ I』弘文堂).
Lacan, J., 1981, *Le Séminaire, Livre III: Psychoses*, Seuil. (小出浩之・鈴木國文・川津芳照・笠原嘉訳, 1987, 『精神病 (上)』岩波書店).
Lenin, V.I., 1917, *State and Revolution*. (日本共産党中央委員会レーニン専修編集委員会編, 1970, 『レーニン 10 巻選集』第 8 巻, 大月書店).
Lipietz, A., 1985, *Mirages et Miracles*, Découverte. (若森章孝訳, 1987, 『奇跡と幻影』新評論).

回大会テーマ部会報告要旨.
橋本健二，1994a,「資本主義社会の文化的再生産——イデオロギー・ハビトゥス・変革主体」庄司興吉編『再生産と自己変革』法政大学出版局.
橋本健二，1994b,「高校入学者選抜における平等化と個性化——教育機会の平等と都市コミュニティ形成の視点から」『都市問題』第 85 巻第 3 号.
橋本健二，1995,「『企業社会』日本の階級・階層構造と女性労働者」『日本労働社会学会年報』第 6 巻，東信堂.
橋本健二，1996,「高校教育の社会的位置の変遷と高校教育改革」耳塚寛明・樋田大二郎編『多様化と個性化の潮流を探る——高校教育改革の比較教育社会学』学事出版.
橋本健二，1997,「ジェンダーと階層構造——理論内在的セクシズムの問題」『教育社会学研究』第 61 集.
橋本健二，1999a,『現代日本の階級構造——理論・方法・計量分析』東信堂.
橋本健二，1999b,「教育と家父長制の再生産——『ジェンダーと教育』研究のニュー・フロンティア」『家計経済研究』1999 年秋号.
橋本健二，2000a,「フェミニズムからみた階級理論・階級理論からみた女性」『女性労働研究』No.38.
橋本健二，2000b,「スクール・セクシュアル・ハラスメントとは何か」『高校生活指導』2000 年春号.
橋本健二，2001,『階級社会日本』青木書店.
橋本健二，2002,「階級社会日本の大学教育」『季刊アソシエ』No.8.
橋本健二・室伏宏美，1991,「文化としての『女』と『男』」宮島喬・藤田英典編『文化社会』有信堂高文社.
橋本摂子，1998,『婚姻を媒介とした文化的再生産過程に関する研究』東京工業大学社会理工学研究科修士論文.
畑井義隆，1965,「農村からみた人口都市化」南亮三郎・舘稔編『人口都市化の理論と分析』勁草書房.
Hickox, M. S. H., 1982, The Marxist Sociology of Education: a critique, *British Journal of Sociology,* vol.33.
廣田照幸，1991,「農家の生活世界と学歴」天野郁夫 (編)『学歴主義の社会史』有信堂高文社.
Hirsch, J., 1973, Elemente einer matrialistischen Staatstheorie, in, Braunmuehl, C. v, Funken, K., Cogoy, M. & Hirsch, J., *Probleme einer materialistischen Staatstheorie*, Shurkamp. (田口富久治・芝野由和・佐藤洋作訳，1983,『資本と国家——唯物論的国家論の諸問題』御茶の水書房).
Husén, T., 1979, *The School in Question*, Oxford University. (河野重男・中嶋博・澤田利夫訳，1982,『問われている学校教育』第一法規).

今村仁司，1989,「イデオロギーとプラクティス」田辺繁治編『人類学的認識の冒険』同文舘.
今村仁司，1997,『アルチュセール』講談社.

争」『現代のエスプリ』第 86 号).
藤田英典，1980，「進路選択のメカニズム」天野郁夫・山村健編『青年期の進路選択』有斐閣.
藤田英典・宮島喬・秋永雄一・橋本健二・志水宏吉，1987，「文化の階層性と文化的再生産」『東京大学教育学部紀要』第 27 巻.
藤田勇，1980，「現代資本主義国家論」金原左門・小林丈児・高橋彦博・田口富久治・福井英雄・藤田勇編『現代資本主義の政治と国家(講座・現代資本主義国家 1)』大月書店.
福島瑞穂・金子雅臣・中下裕子・池田理知子・鈴木まり子，1998，『セクシュアル・ハラスメント(新版)』有斐閣.
古田睦美，1997，「マルクス主義フェミニズム」江原由美子・金井淑子編『フェミニズム』新曜社.

Gerassi, J., 1969, Revolution by Life Style, in, Berke, J.(ed.), *Counter Culture*, Peter Owen. (森谷文昭訳，1974，「ライフ・スタイルによる革命」竹内芳郎編『文化と革命』筑摩書房).
Guillaume, M., 1975, *Le capital et son double,* Presses Universitaires de France. (斉藤日出治訳，1987，『資本とその分身』法政大学出版会).
Gouldner, A., 1979, *The Future of Intellectuals and the Rise of the New Class,* Seabury Press. (原田達訳，1988，『知の資本論』新曜社).
Gramsci, A., 1949, *Opere scelte di Antonio Gramsci V.* (山崎巧監修・代久二編，1962，『グラムシ選集』第 3 巻，合同出版).

Hall, S., 1981, Schooling, State and Society, in, Dale, R., Esland, G., Fergusson, R. & MacDonald, M.(eds.), *Education and the State,* vol.1, The Falmer Press.
Hartman, H., 1981, The Unhappy Marriage of Marxism and Feminism : Towards a More Progressive Union, Sargent, L.(ed.) *Women and Revolution : A Discussion of The Unhappy Marriage of Marxism and Feminism,* Pluto Press. (田中かず子訳，1991，「マルクス主義とフェミニズムの不幸な結婚」『マルクス主義とフェミニズムの不幸な結婚』勁草書房).
橋本健二，1984a，『教育の政治経済学序説——公教育制度による蓄積と正統化のメカニズム』東京大学大学院教育学研究科修士学位論文.
橋本健二，1984b，「『マルクス主義教育社会学』の展望」『教育社会学研究』第 39 集.
橋本健二，1987，「資本主義社会の再生産と国家装置の理論」『東京大学教育学部紀要』第 27 巻.
橋本健二，1989，「文化評価の構造と文化の階層性」『静岡大学教養部研究報告(人文・社会科学編)』第 24 巻第 2 号.
橋本健二，1991a，「文化としての資本主義・資本主義の文化」宮島喬・藤田英典編『文化と社会——差異化・構造化・再生産』有信堂高文社.
橋本健二，1991b，「現代日本における『教養』と文化の階層性」日本社会学会第 64

Bourdieu, P., 1972, *Esquisse d'une théorie de la Pratique,* Droz.
Bourdieu, P., 1977, *Outline of a Theory of Practice*, Cambridge University Press.
Bourdieu, P., 1979, *La Distinction*.（石井洋二郎訳，1989，『ディスタンクシオンⅠ』新評論）.
Bourdieu, P., 1980, *Le Sens Pratique,* Minuit.（今村仁司・港道隆訳，1988，『実践感覚１』みすず書房）.
Bourdieu, P., 1987, *Choses Dites*, Minuit.（石崎晴己訳，1988，『構造と実践』新評論）.
Bourdieu, P. & Passeron, J.C., 1964, *Les héritiers*, Ed. de Minuit.（石井洋二郎監訳，1997，『遺産相続者たち』藤原書店）.
Bourdieu, P. & Passeron, J.C., 1970, *La Reproduction*, Editions de Minuit.（宮島喬訳，1991，『再生産』藤原書店）.
Bowles, S., 1971, Unequal Education and the Reproduction of Social Division of Labor, *Harbard Educational Review*, vol.41.（早川操訳，1980，「教育の不平等と社会的分業の再生産」潮木守一・天野郁夫・藤田英典編訳『教育と社会変動(上)』東京大学出版会）.
Bowles, S. & Gintis, H., 1976, *Schooling in Capitalist America*, Basic Books.（宇沢弘文訳，1986，『アメリカ資本主義と学校教育』岩波書店）.
Breton, A., 1935, *Discours au congrès des écrivains*.（田淵晋也訳，1970，「作家会議における発言」，瀧口修造監修『アンドレ・ブルトン集成５』人文書院）.

Cabral, A., 1970, *Libération Nationale et Culture*.（白石顕二・正木爽・岸和田仁訳，1980，「民族解放と文化」『アフリカ革命と文化』，亜紀書房）.

大学情報宣伝組織センター編(原語不明)，1968，Quelle Universite? Quelle Societe?, Edition du Seuil.（谷長茂・福井芳男訳，1969，『大学とは何か 社会とは何か』中央大学出版部）.
Deem, R., 1978, *Women and Schooling*, Routledge and Kegan Paul.
Delphy, C., 1984, *Close to Home*, The University of Massachusetts Press.
Demaine, J., 1980, *Contemporary Theories in the Sociology of Education*, Macmillan.
DiMaggio, P., 1982, Cultural Capital and School Success, *American Sociological Review,* vol.47: April.
Domhoff, G., 1967, *Who rules America?*, Prentice Hall.（陸井三郎訳，1971，『現代アメリカを支配するもの』毎日新聞社）.

Erikson, R. & Goldthorpe, J.H., 1993, *The Constant Flux,* Clarendon Press.

Fanon, F., 1966, *Les Damnés de la Terre*, Maspero.（鈴木道彦・浦野衣子訳，1969，『地に呪われたるもの』みすず書房）.
Fergusson, A., 1989, *Blood at the Root : Motherhood, Sexuality, and Male Dominance,* Pandora.
Feuer, L.S., 1969, *The Conflict of Generations*, Basic Books.（吉田香訳，1974，「世代闘

文献一覧

（著者名の ABC 順）

Acker, J., 1973, Women and Social Stratification : A Case of Intellectual Sexism, *American Journal of Sociology*, vol.78 no.4.

Althusser, L., 1964-65, *Freud et Lacan, La Nouvelle Critique, décembre-janvier.* (西川長夫訳, 1975, 「フロイトとラカン」『国家とイデオロギー』福村出版).

Althusser, L., 1966, *Pour Marx,* Maspero. (河野健二・田村俶訳, 1968, 『甦るマルクス』人文書院).

Althusser, L., 1970, *Idéologie et Appreils idéologiques d'Etat,* La Pansée. (西川長夫訳, 1975, 「イデオロギーと国家のイデオロギー装置」『国家とイデオロギー』福村出版).

Althusser, L., 1978, *Enfin la Crise du Marxisme!, Ce qui ne peut durer dans le Communiste,* Maspero. (加藤晴久訳,1978, 「炸裂したマルクス主義の危機」『共産党のなかでこれ以上続いてはならないこと』新評論).

Althusser, L., 1995, *Sur la Reproduction,* PUF.

天野郁夫, 1989, 『変わる社会・変わる教育』有信堂高文社.

天野郁夫(編), 1991, 『学歴主義の社会史』有信堂高文社.

天野郁夫, 1994, 「高等教育システムの構造変動」『広島大学大学教育研究センター大学論集』第 24 集.

天野正子, 1988, 「『性と教育』研究の現代的課題――かくされた『領域』の持続」『社会学評論』第 39 巻第 3 号.

Andes, N., 1992, Social Class and Gender, *Gender and Society,* vol.6, no.2.

Apple, M., 1979, *Ideology and Curriculum,* Routridge & Kegan Paul. (門倉正美・宮崎充保・植村高久訳, 1986, 『学校幻想とカリキュラム』日本エディタースクール出版部).

Arnot, Madeleine, 1993, A Crisis in Patriarchy?, Arnot & Weiler(ed.), *Feminism and Social Justice in Education,* Falmer Press.

浅田彰, 1983, 「アルチュセール派イデオロギー論の再検討」『思想』1983 年 5 月号.

Bell, D., 1976, *The Cultural Contradictions of Capitalism*, Basic Books. (林雄二郎訳, 1976, 『資本主義の文化的矛盾(上)』講談社).

Bernstein, E., 1899, *Die Voraussetzungen des Sozialismus und die Aufgaben der Sozial-democratie*. (戸原四郎訳, 1960, 『社会主義の前提と社会民主党の任務』河出書房新社).

Blau, P.M. & Duncan, O.D., 1967, *The American Occupational Structure*, John Willey & Suns.

■人名索引

[た]

[な]

[は]

索　引

■事項索引

■著者紹介
橋本　健二　(はしもと　けんじ)
1959年　石川県生まれ
1988年　東京大学大学院教育学研究科博士課程単位取得退学
現　在　武蔵大学社会学部教授
専　攻　理論社会学 (階級論・マルクス主義社会理論)
主著　『アナリティカル・マルキシズム』ナカニシヤ出版、1999年 (分担執筆)
『現代日本の階級構造―理論・方法・計量分析―』東信堂、1999年
『近代化と社会階層』東京大学出版会、2000年 (分担執筆)
『階級社会日本』青木書店、2001年
Class Structure in Contemporary Japan, Trans Pacific Press, 2003

Kenji Hashimoto
Class, Gender, Reproduction:
Structural Maintenance of Modern Capitalism

武蔵大学研究叢書 No.103

階級・ジェンダー・再生産――現代資本主義社会の存続メカニズム

2003年7月20日　初　版　第1刷発行　〔検印省略〕

＊定価はカバーに表示してあります

著者 © 橋本健二　発行者　下田勝司　印刷・製本　中央精版印刷

東京都文京区向丘1-20-6　郵便振替 00110-6-37828
〒113-0023　TEL (03) 3818-5521 (代)　FAX (03) 3818-5514
E-Mail tk203444@fsinet.or.jp
発行所　株式会社 東信堂

Published by **TOSHINDO PUBLISHING CO., LTD.**
1-20-6, Mukougaoka, Bunkyo-ku, Tokyo, 113-0023, Japan
ISBN4-88713-497-5 C3036

東信堂

〔シリーズ 世界の社会学・日本の社会学 全50巻〕

タルコット・パーソンズ—最後の近代主義者　中野秀一郎　一八〇〇円
ゲオルク・ジンメル—現代分化社会における個人と社会　居安正　一八〇〇円
ジョージ・H・ミード—社会的自我論の展開　船津衛　一八〇〇円
アラン・トゥーレーヌ—現代社会のゆくえと新しい社会運動　杉山光信　一八〇〇円
アルフレッド・シュッツ—主観的時間と社会的空間　森元孝　一八〇〇円
エミール・デュルケム—社会の道徳的再建と社会学　中島道男　一八〇〇円
レイモン・アロン—危機の時代の透徹した警世思想家　岩城完之　一八〇〇円
奥井復太郎—都市社会学と生活論の創始者　藤田弘夫　一八〇〇円
新明正道—綜合社会学の探究　山本鎭雄　一八〇〇円
米田庄太郎—新総合社会学の先駆者　中久郎　一八〇〇円
高田保馬—理論と政策の無媒介的合一　北島滋　一八〇〇円

日本の環境保護運動　長谷敏夫　二五〇〇円
現代社会学における歴史と批判〔上巻〕—グローバル化の社会学　武川正吾・山田信行 編　二八〇〇円
現代社会学における歴史と批判〔下巻〕—近代資本制と主体性　片桐新自・丹辺宣彦 編　二八〇〇円
現代日本の階級構造—理論・方法・計量分析　橋本健二　四三〇〇円
イギリスにおける住居管理—オクタヴィア・ヒルからサッチャーへ　中島明子　七四五三円
BBCイギリス放送協会〔第二版〕—パブリック・サービス放送の伝統　簑葉信弘　二五〇〇円

〔中野 卓著作集生活史シリーズ〕

1 生活史の研究　中野卓　二五〇〇円

〔研究誌・学会誌〕

日本労働社会学会年報4～13　日本労働社会学会 編　二九一三～三三〇〇円
労働社会学研究 1～3　日本労働社会学会 編　各一八〇〇円
社会政策研究 1～3　「社会政策研究」編集委員会 編　二〇〇〇円・二三八一円
コミュニティ政策1　コミュニティ政策学会・研究フォーラム 編　一五〇〇円

〒113-0023 東京都文京区向丘1—20—6　☎03(3818)5521　FAX 03(3818)5514　振替 00110-6-37828
E-mail:tk203444@fsinet.or.jp

※税別価格で表示してあります。